# 고구려 고분벽화 연구 여행

# 고구려 고분벽화 연구 여행

전호태

푸른역사

# 들어가며

## 그림, 만국 공통·시대 공통의 언어

프랑스 남부 아르데슈 지방 쇼베 동굴에서 발견된 벽화는 약 3만 년 전의 구석기시대 사람들이 남긴 것이다. 만일 동굴 깊숙한 곳에서 동굴사자나 들소 같은 동물들의 그림 대신 상징적인 기호들이 발견되었다면 그것을 처음 본 사람들의 느낌은 어땠을까. 적어도 그림만큼 깊은 관심과 경외감, 호기심 같은 것을 불러일으키지는 못했으리라. 왜? 그림은 기호보다 쉽게 눈에 들어오고 마음속으로 읽히니까.

일반적으로 그림에서 기호로 가기까지는 오랜 시간이 걸린다. 상형문자의 역사를 더듬어보면 그런 점이 잘 드러난다. 메소포타미아에서 쐐기문자가 현대인이 읽기 어려운 상태로 모습을 갖추어 드러나기까지는 적어도 천 년 이상의 시간이 소요되었다. 이집트 상형문자가 공들여 배우지 않으면 쉽게 알기 어려운 필기체,

곧 데모틱demotic이라 불리는 '기호'에 가까운 문자가 되기까지는 2천 5백 년 가까운 시간이 걸렸다.

그런 점에서 그림은 만국 공통, 시대 공통의 언어라고 할 수 있다. 한마디로 의사소통의 수단으로 그림만큼 좋은 것이 없다. 그림이 훨씬 쉽다! 인터넷 사회의 비약적인 발전도 쉽게 알아볼 수 있도록 디자인된 그림을 매개수단으로 삼았기에 가능했다고 한다. 고대 사회를 이해하고자 할 때 그림은 문자 이상으로 많은 이면의 이야기를 제공해준다. 고분벽화에 지속적인 관심을 기울여야 하는 것은 바로 이런 이유에서다. 고분벽화 역시 오래전 펼쳐졌던 삶의 온갖 모습과 생각을 현재와 이어주는 귀중한 역사적 통로이자 증언이다.

## 고분벽화 인식과 활용

고구려 고분벽화는 한 시대를 나타내는 전시 포스터처럼 여겨졌다. 포스터는 그 자체가 지니는 다양한 기능과 의미에도 불구하고 지나가면서 흘낏 보고 마는 광고지와 같이 인식된다. 실제로 포스터는 광고지이기도 하다. 전시 관계자 혹은 전시에 관심 있는 사람에게나 문화 정보의 집합체이자 전시의 에센스를 담은 의미 있는 작품일 뿐이다. 많은 이들은 포스터를 그저 이름 그대로 포스터로 본다.

고구려 고분벽화는 다양한 종류의 책 표지, 특정기관이나 단체의 광고지 디자인 재료로 자주 쓰였다. 철학연구서의 표지에 강서대묘江西大墓의 주작을 넣는다든가 궁술 관련 단체의 광고지에 무용총의 사냥 장면을 넣는 것이 그러한 사례에 해당한다. 역사 관련 서적, 특히 한국고대사 분야의 저서에 시대 분위기를 나타내는 수단으로 무용총의 수박희手搏戱 장면이나 무용 장면을 넣기도 한다. 오랜 기간 고분벽화는 그렇게 상징적 기호 정도의 쓰임새를 크게 넘어서지 못했다.

1980년대가 끝날 때까지 고구려 고분벽화는 한 시대를 나타내거나 특정 관념이나 생활의 한 측면을 효과적으로 보여주기 위한 표지처럼 여겨지고 사용되었다. 고분벽화가 그 중의 어떤 장면을 구체적으로 이해하거나 한 화면의 이면에 감춰진 역사적 사실 혹은 정황을 파악하기 위한 원재료로 사용되는 일은 매우 드물었다. 미술사학계나 역사학계의 몇몇 학자들이 시도한 고분벽화 이해는 개괄적인 수준에 머무는 경우가 많았고 그나마 그 성과조차 학계의 다른 분야에는 잘 알려지지 못했다.[1]

필자는 1980년대 초반 고구려 벽화고분의 발견, 조사, 연구의 과정을 상세히 되짚어 나감으로써 고분벽화를 읽는 통로를 찾아내려 애썼다. 돌이켜보면 고구려 벽화고분이 어디서 어떻게 발견되고 벽화고분 안에서 누가 무엇을 보았으며 무엇으로 해석했는지를 짚어나가면서 필자는 이미 고분벽화 읽기의 길을 걷고 있었다. 고분벽화 자체가 회화작품이자 고고학적 유적이며 역사자료이자 종교·신앙의 흔적이었으므로 고분벽화를 제대로 읽기 위해서는 역사학, 고고학, 미술사학, 종교학 뿐 아니라 직접, 간접으로 인문, 사회, 자연, 문화예술 제 분야의 연구방법론, 연구 성과에 기대지 않을 수 없었다. 알게 모르게 여러 학문 분야가 고분벽화 연구에 협력한 셈이다.

삼십 년의 세월이 흐르는 동안 고구려 고분벽화는 세계유산이 되었고 대중에게 친숙해졌다. 한국 문화의 원형을 담고 있는 가장 귀중한 문화유산으로 평가받게 되었으며 국내외의 역사가, 문화예술 전문가들에게는 역사적 상상력, 문화·예술적 영감의 원천으로 그 가치를 인정받고 있다. 그러나 정작 의외로 많은 이들이 강서대묘의 현무도나 무용총의 사냥도 같은 고분벽화의 몇몇 작품만을 한국 문화의 산물로 막연히 기억하고 있을 뿐 고구려의 역사적 경험이나 한국 고대문화의 빼어난 수준을 담아낸 작품이라는 사실을 알지 못한다. 고구려 고분벽화가 이제 막 전문가들이나 관심 있는 이들 사이에 알려지고 있을 뿐임을 알게 하는 부분이다.

이 책은 고분벽화가 고구려 역사, 문화의 흐름과 그대로 닿아 있는 역사문화 자료이자 고구려인의 종교관과 신앙세계가 그림으로 남겨진 것임을 가능한 한 쉽게 설명하는 방식으로 엮어졌다. 글쓰기를 마친 지금 글 중에 사용된 용어나 개념, 이야기를 풀어나가는 속도, 전후 맥락을 설명하는 방식에서 여전히 전문가 특유의 분위기가 그대로 남아 있는 부분이 적지 않아 아쉬운 점이 있다. 그러나 가능하면 이 책을 읽은 이가 고분벽화의 이해를 둘러싼 역사·문화적 배경이나 종교·신앙적 맥락 등을 놓치지 않게 하려는 데 초점을 두었다. 부족한 부분은 필자의 글쓰기 능력이 좀 더 나아지는 대로 수정 보완할 것을 약속한다.

2012년 가을 빛 가득한 문수산 기슭에서

전호태

차례

# 1
# 고구려 무덤 양식의 변화
## 돌무지무덤에서 돌방무덤으로

기원전 1세기 중엽, 압록강 중류와 혼강渾江 일대 예맥 사람들의 나라들 몇이 모여 소국 수준을 벗어난 큰 나라 고구려의 건국을 선언했다. 당시 중국의 여러 지역에는 무덤 안을 벽화나 화상석으로 장식하는 전통이 성립해 있었다. 중국에서 궁전이나 신전, 사당 내부를 벽화로 장식하던 관습이 고분 안으로까지 확대되어 자리 잡은 것은 진·한시대였다. 여러 겹의 곽과 관 안팎을 그림으로 장식하는 관화棺畵, 시신과 함께 관 안에 넣기도 하고 관 바깥을 두르거나 널방 안에 걸어두기 위해 만든 비단그림 백화帛畵, 죽은 자를 위한 이런 장식 그림들은 춘추·전국시대에도 널리 유행했다.

# 돌무지무덤

기원전 1세기 중엽, 압록강 중류와 혼강渾江 일대 예맥 사람들의 나라들 몇이 모여 소국 수준을 벗어난 큰 나라 고구려의 건국을 선언했다. 당시 중국의 여러 지역에는 무덤 안을 벽화나 화상석으로 장식하는 전통이 성립해 있었다. 중국에서 궁전이나 신전, 사당 내부를 벽화로 장식하던 관습이 고분 안으로까지 확대되어 자리 잡은 것은 진·한시대였다. 여러 겹의 곽과 관 안팎을 그림으로 장식하는 관화棺畵, 시신과 함께 관 안에 넣기도 하고 관 바깥을 두르거나 널방 안에 걸어두기 위해 만든 비단그림 백화帛畵. 죽은 자를 위한 이런 장식 그림들은 춘추·전국시대에도 널리 유행했다. 진·한시대에 들어서면서 벽돌이나 돌을 재료로 무덤칸이 여럿인 지하 건축물을 만들 수 있게 되자 이런 건축물의 벽이나 천장을 그림으로 장식하는 관습이 생겨났다. 관화와 백화에 벽화와 전화塼畵가 더해진 것이다.

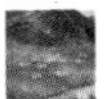 [그림 1] 산성하고분군 전경 | 중국 길림성吉林省 집안 환도산성과 통구하 사이 넓은 들판에 있는 무덤군. 고구려 건국의 주축인 예맥 사람들이 오랜 기간 고유의 무덤 양식으로 삼았던, 강돌을 주재료로 한 돌무지무덤이 많이 보인다.

압록강과 혼강 일대를 중심으로 흩어져 살던 예맥 사람들은 오랜 기간 돌무지무덤을 고유의 무덤 양식으로 삼았다(〈그림 1〉). 돌무지무덤의 주재료는 강돌이었다. 돌무지무덤은 시신을 넣은 관을 강돌로 덮어 마무리하는 비교적 간단한 양식의 무덤이었다. 예맥 사람들이 살던 강변 계곡 지대에서는 자연스럽게 나타날 만한 양식이었고 저들의 소박한 기질에도 잘 맞았다.

그러나 계급, 신분의 차이가 벌어지고, 규모와 조직도 커진 사회에서는 개개인의 지위나 그들이 속한 조직에 따라 삶의 모든 측면이 나뉘거나 달라지기 마련이다. 예맥 역시 그러했다. 예맥 사회의 변화는 사회 구성원 개개인의 여러 측면에 영향을 끼쳤다. 나아가 돌무지무덤의 규모와 형태까지 다양하게 변화시켰다.[2] 고구

**[그림 2] 장군총** | 고구려가 동북아시아에서 강대국으로서의 지위를 확보하는 5세기 전후 고유의 무덤 양식이던 돌무지무덤에도 변화가 생긴다. 무덤칸을 갖춘 돌무지무덤이 나타난 것이다. 중국 길림성 집안의 장군총은 이 같은 변화를 잘 보여준다.

려의 건국 이후에는 중형과 대형 돌무지무덤들도 나타났고, 네 모서리가 각 지고 위로 올라가면서 단을 이룬 계단식도 등장했다. 심지어 일반적인 돌무지무덤에서는 볼 수 없는 구조, 곧 무덤칸을 갖춘 돌무지무덤까지 만들어졌다. 물론 이런 돌무지무덤은 고구려가 동북아시아에서 강대국으로서의 지위를 확보하는 5세기 전후가 되어서야 나타난다(〈그림 2〉).

## 돌방무덤

돌방무덤은 고구려 사람들이 외부로부터 받아들인 무덤 양식이다. 돌무지무덤이 양식적 변화를 겪는 동안 돌무지 안에 '돌방' 이라는 구조물이 등장하기도 한다. 그러나 강돌이나 판돌로 벽과 천장을 만들어 그 공간 안에 관을 넣고 돌방 바깥은 흙으로 덮는 매장 방식은 고구려사람 고유의 것이 아니다. 돌방무덤은 땅에 구덩이를 판 뒤 그 경계를 돌로 둘러 곽을 만든 다음 그 안에 관을 넣고 그 위를 돌로 덮은 뒤 약간 봉긋할 정도로 흙무지를 올려 마무리하는 일반적인 흙무지돌널무덤과 다르다. 돌방 자체가 규모와 내용을 갖춘 건축물이므로 돌방무덤 축조는 죽은 자를 위해 집을 짓는 것과 마찬가지인 까닭이다. 고구려에 돌방무덤이 새로운 무덤 양식으로 도입되어 유행한 것은 고구려가 제법 힘과 규모를 갖춘 국가로 성장하면서 나타난 자연스런 현상이라고 할 수 있다(〈그림 3〉).

[그림 3] 진파리7호분 널방 내부 | 고구려가 힘과 규모를 갖춘 국가로 성장하면서 무덤 양식도 변화되기 시작한다. 평양특별시 설매동 진파리에 위치한 진파리7호분 널방은 고구려에 새로운 무덤 양식으로 도입되어 유행한 돌방무덤의 전형이다.

돌방무덤이 일정한 크기의 공간을 지닌 제대로 된 건축물인 만큼 방의 내부를 장식하기 위한 노력이 더해지는 것은 당연했다. 공간을 채울 수도 있고, 공간을 이루는 면, 곧 돌방의 벽과 천장을 장식할 수도 있었다. 고구려보다 수백 년 앞서 돌방과 벽돌방무덤을 축조했던 중국에서는 돌방이나 벽돌방의 벽과 천장을 그림으로 장식하는 관습이 생겼다. 화상전, 화상석, 벽화 등이 장의미술葬儀美術의 한 장르로 자리 잡았다.

중국 진·한시대의 화상석이나 벽화미술은 고구려가 건국을 선언할 무렵 이미 동방세계에 전해졌다. 전한前漢이 고조선을 멸망시키고 동방에 세운 군현을 통해서였다. 고조선의 옛 중심지에 세

[그림 4] 채협총 벽화 | 중국에는 무덤의 돌방이나 벽돌방의 벽과 천장을 그림으로 장식하는 관습이 있었다. 이러한 중국의 벽화미술은 낙랑군 등의 군현을 통해 동방에 전해졌다. 그림은 고구려 영역 내에서 발견된 가장 이른 시기의 고분벽화 중 하나인 낙랑 채협총의 벽화.

워진 낙랑군은 진·한 문화가 동방세계에 전해지는 교두보의 하나였다. 한 군현의 고위관리들의 경우 파견된 군현에서 직무 도중 죽으면 시신을 고향땅으로 옮겨 무덤에 묻는 귀장歸葬이 관례였다. 하지만 늘 그렇게 하기는 어려웠다.[3] 거리와 비용의 문제, 혼란스런 정치·사회적 여건으로 인해 근무하던 군현에서 장례가 치러지기도 했다.

그럼 한 군현 관리의 귀장이 어려울 경우 장례는 어떻게 치렀을까. 대개 장례와 무덤 축조, 무덤 안의 장식 등은 저들의 고유문화와 관습을 따르기 마련이다. 낙랑군의 옛터에서 중국에서 유행하던 벽돌무덤이나 귀틀무덤, 방처럼 꾸민 커다란 나무곽, 금동장식이 여럿 달린 나무널 등이 발견되는 것은 이런 까닭이다. 낙랑군 관리의 무덤에서는 벽화도 발견되었다. 비록 판자를 이어 만든 나

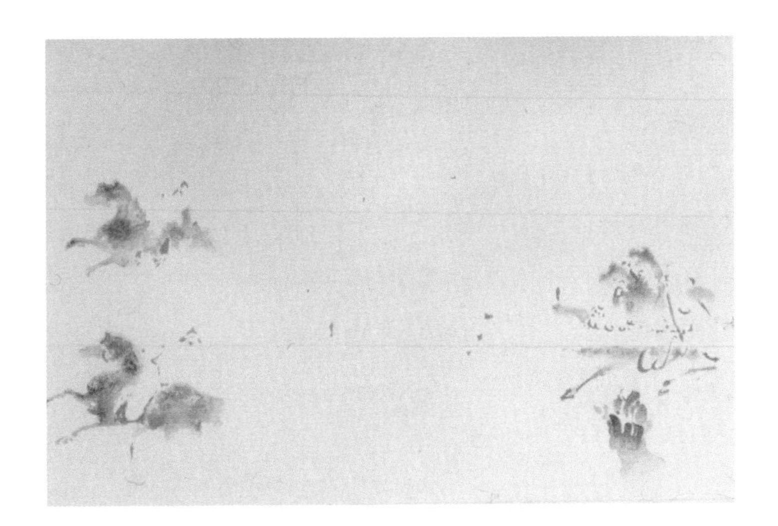

무곽의 판벽에 그린 것이지만, 벽에 얇게 회를 바르고 그 위에 인물들과 사냥 장면을 그렸음이 발굴을 통해 확인되었다.[4] 낙랑 채협총彩篋塚에서 발견된 이 벽화는 2세기 말의 작품으로 고구려의 영역 안에서 나온 가장 이른 시기의 고분벽화 가운데 하나다(〈그림 4〉).

# 2
# 고구려의 성장과 고분벽화의 수용

고구려는 건국 이래 한 군현과 자주 접촉했다. 옛 현도군 고구려현의 자리는 고구려 건국이 선언된 졸본(현재의 중국 요령성 환인)에서 그리 멀지 않았다. 더욱이 2대 유리왕 즉위 후에는 나라의 중심을 옛 고구려현의 자리인 국내(현재의 중국 길림성 집안)로 옮겼다. 고구려는 주로 남쪽과 서쪽으로 영토를 확장하려 애썼다. 동쪽에는 강력한 세력이 없었으므로 동명성왕과 유리왕 시기에는 이미 동해 근처까지 영향력을 미칠 수 있었다. 북쪽에는 부여가 버티고 있어서 국력을 크게 키우기 전까지는 쉽게 치고 올라갈 수가 없었다.

## 건국과 성장

고구려는 건국 이래 한 군현과 자주 접촉했다. 옛 현도군 고구려현의 자리는 고구려 건국이 선언된 졸본(현재의 중국 요녕성 환인)에서 그리 멀지 않았다. 더욱이 2대 유리왕 즉위 후에는 나라의 중심을 옛 고구려현의 자리인 국내(현재의 중국 길림성 집안)로 옮겼다. 고구려는 주로 남쪽과 서쪽으로 영토를 확장하려 애썼다. 동쪽에는 강력한 세력이 없었으므로 동명성왕과 유리왕 시기에는 이미 동해 근처까지 영향력을 미칠 수 있었다. 북쪽에는 부여가 버티고 있어서 국력을 크게 키우기 전까지는 쉽게 치고 올라갈 수가 없었다.

사실 서쪽과 남쪽으로도 쉽게 세력을 뻗어나가기는 어려웠다. 한 군현은 부여보다도 오히려 어려운 상대였다. 게다가 배후에 중국의 왕조들이 버티고 있어서 섣불리 눈길을 주었다가는 강력한 반격을 자초할 수도 있었다. 자칫 '나라가 망하는' 큰 화를 입을 가능성까지 있었던 것이다. 그럼에도 고구려는 건국 이래 서쪽과 남쪽으로 세력을 확대하고자 애썼다. 서쪽으로는 천산산맥으로 보호되는 요동의 넓은 벌이, 남쪽으로는 대동강과 한강 유역 좌우로 펼쳐진 비옥한 평야지대가 있었던 까닭이다. 더욱이 두 지역 모두 동북아시아에서는 가장 이른 시기부터 선진 문명이 발전했던 곳이다. 고구려 사람들로서는 나라의 미래를 기약하려면 어떻게든 두 지역을 아울러야만 했다(《그림 5》).

고구려가 남쪽으로 눈길을 돌리던 1세기 중엽 대동강 중하류 지역은 한 군현에서 출발해 반半독자 세력으로 성장하고 있던 낙랑이 지배하고 있었다. 고조선의 옛 중심지를 차지한 낙랑은 중국의 왕조에서 계속 새로운 문물과 관리 인력을 공급받고 있었다. 거기에 중하급 관리와 상인 중심의 토착화 세력까지 형성되는 등 미묘한 변화를 겪고 있었다.[5] 고구려와의 본격적인 접촉이 시작될 무렵, 낙랑은 이미 중국과 동북아시아 군소 세력 사이를 잇는 중계자이자 반半독립세력에 가까워진 상태였다. 자연스레 낙랑의 문화에는 중국에서 막 수입된 상태 그대로의 것도 있고, 나름의 토착화 과정을 거친 낙랑적인 것도 있었다.

고구려는 남쪽으로 세력을 뻗쳐 나가기보다 서쪽으로 영향력을 확대하기가 훨씬 어렵다는 사실을 절실히 느낄 수밖에 없었다. 3세기에도 고구려는 압록강 하구의 서쪽 지역을 완전히 차지하지 못했다. 요동으로 들어서는 길목이자 압록강에서 청천강에 이르는 한반도 서북부 지역을 제어할 수 있는 요충지이기도 한 '서안평'은 쉽게 고구려의 손안에 들어오지 않았다. 요동을 지키려는

[그림 5] 고구려의 성장 | 고구려는 동북아시아에서 가장 이른 시기부터 선진 문명이 발전했던 서쪽의 요동벌과 남쪽의 비옥한 평야지대로 세력을 확대하고자 애썼다. 나라의 미래를 기약하기 위해서는 어떻게든 두 지역을 아울러야만 했기 때문이다.

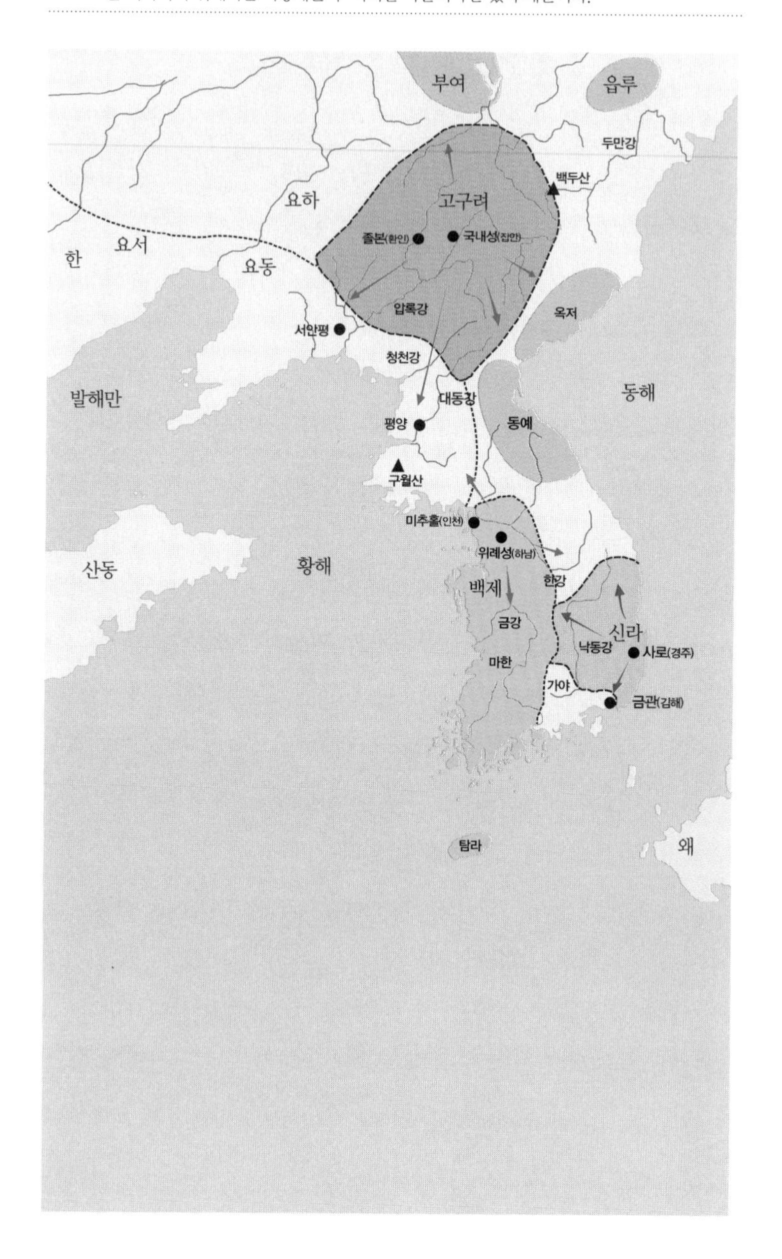

세력으로서는 서안평의 상실이 압록강 동쪽 지역에 대한 통제력 상실 혹은 요동이라는 큰 땅덩어리와 많은 인구의 포기로 이어질 수 있었다. 이런 까닭에 중국의 통일왕조이든 동북의 지역 세력이든 관계없이 기존의 요동 지배세력은 압록강 하구의 서쪽 요충지 서안평은 지키려 했다. 결국 고구려는 4세기 초에 들어서면서 낙랑을 통합할 수 있었지만 요동은 4세기 후반 늦은 시기에야 확보할 수 있었다.

## 한 문화와의 접촉

고구려 사람들이 만난 중국의 한인들은 장식에 능했고, 관념을 형상화하기를 좋아했다. 산 자들의 집도 글과 그림으로 도배했을 뿐 아니라 죽은 사람의 거처에도 온갖 장식을 남겨두었다. 장례는 번잡했고 비용도 많이 들었다. 관의 안팎에도 그림을 그렸고 관과 함께 무덤 안에 넣는 것도 많았다. 사람이 죽으면 장례 준비에서 마무리까지 많은 사람들이 달려들었다. 장례 치르는 집은 '장례를 잘 치렀다'는 평판을 얻기 위해 가산이 거덜날 정도로 크게 빚을 내는 일도 마다하지 않았다(〈그림 6〉).[6] 저들이 명예롭게 여기는 번듯한 장례를 치르고 수년씩이나 장례 빚 갚기에 골몰하는 모습을 보며 고구려 사람들은 고개를 절래 절래 흔들었다.

그러나 흉보면서 배운다고 했던가. 고구려 사람들은 중국 사람들이 말하는 죽은 뒤의 세계, 한인漢人들이 꿈꾼다는 죽은 자들의 새 삶터를 형용한 그림과 그들이 만들어내는 온갖 장식물에 점차

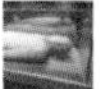
[그림 6] 중국 강소성 서주 사자산 전한 초왕릉 출토 옥의 | 중국의 한인들은 산 자들뿐만 아니라 죽은 사람의 거처에도 온갖 장식을 남겨두었다. 전한 초왕릉 내에서 출토된 옥의 등 2000여 점의 각종 진귀한 문물들은 이러한 중국인들의 특성을 잘 보여준다.

관심을 쏟기 시작했다. 고구려에서는 사람이 죽으면 그저 조상신들의 세상으로 되돌아간다고만 믿었다. 저세상의 구체적인 모습은 생각하지 않고 있었다. 그런데 한인들은 이세상보다 오히려 복잡할 수도 있고 온갖 신神과 귀鬼가 들끓는 새 삶터에 대해 말했다. 그들은 마치 본 것처럼 저세상의 이모저모를 형용했고, 온갖 관문을 통과해야 하는 길고 긴 여행에 얼마나 많은 노잣돈이 필요한지도 말했다. 죽은 자의 혼에게도 돈이 필요하다니!

사실 고구려 사람들도 혼이 조상신의 세계로 되돌아가기까지 긴 여행을 해야 하므로 신령스런 개나 늑대, 까마귀, 쥐 등을 길잡이로 써야 한다는 생각 정도는 하고 있었다.[7] 오랜 기간 예맥 사람들과 이웃하던 선비鮮卑나 오환烏丸, 읍루挹婁 사람들, 숲과 초원의 여러 종족들이 지닌 저세상에 대한 생각이나 믿음을 고구려 사람들도 지니고 있었던 것이다.[8] 그러나 중국의 한인들처럼 이승과 진배없는 저세상을 생각하고 형용하고 아예 상세히 그려내기까지 한 적은 없었다. 고구려 사람들은 그런 한인들의 생각과 문화에 알게 모르게 익숙해져 가고 있었다. 만남이 잦아지고 저들이 사는 땅을 고구려의 일부로 만들면서 그들의 장례문화나 내세관에 대한 이질감, 거부감 같은 것도 점차 엷어졌다. 아주 그대로는 아니더라도 한인의 생각이나 문화 가운데 받아들일 만한 것은 받아들여도 되지 않겠느냐는 태도를 보이는 사람들도 서서히 늘어났다.

## 고분벽화의 수용

압록강 중류 지역과 혼강 유역의 예맥 사람들은 주로 돌무지무덤에 죽은 이를 묻었지만, 고구려의 다른 지역에서는 여러 가지 다른 양식의 무덤을 만들었다. 신분이나 지위, 자연 환경이나 문화적 전통, 종족의 차이 같은 요인들이 얽히면서 한 나라나 사회 안에서도 서로 다른 양식의 무덤이 나타나는 것은 흔히 있는 일이다. 항아리를 관으로 사용하고, 흙구덩이에 나무로 만든 관만 넣는 경우도 있었다. 종족이나 지역에 크게 구애받지 않고 널리 사용되던 무덤 양식으로는 흙구덩이 안을 돌이나 판석으로 두르고 그 안에 관을 넣는 돌곽무덤이 있다. 이 돌곽이 규모를 갖추기 시작하다가 위가 아닌 옆으로 입구가 나게 되면 돌방이 될 수도 있다. 실제 평양 지역에서는 옆트임 돌곽이 좀 더 발전하여 돌방에 가까워진 것들이 만들어지기도 한다.

판석을 이용한 커다란 돌곽이나 벽과 천장을 온전히 갖춘 돌방

[그림 7] 용강대묘 내부 | 죽은 이를 주로 돌무지무덤에 묻었던 예맥 사람들과 달리 고구려 다른 지역에서는 여러 다양한 양식의 무덤을 만들었다. 남포시 용강군 용강읍의 용강대묘는 널길, 앞방, 이음길, 널방으로 이루어진 흙무지돌방벽화무덤이다.

은 장식이 가능한 면을 지니게 된다. 장례를 주관하는 이들이 마음만 먹으면 장인들에게 벽과 천장에 회를 발라 면을 고르게 한 뒤 그림을 그려 넣도록 주문할 수도 있다(《그림 7》). 이 경우 새로 지은 무덤 안에 장식을 넣을 것이냐, 그냥 그대로 둘 것이냐는 순전히 죽은 이와 그를 장사 지내는 이들의 결정에 달려 있었다. 결국 죽은 뒤의 세계에 대한 생각과 믿음의 문제라고 하겠다. 죽은 뒤에는 어떻게 되는가. 죽은 뒤의 세상은 어떤 곳인가. 무덤 안을 그림으로 장식하면 어떤 효과가 있는가. 죽은 이와 산 자에게 각각 어떤 영향을 미치는가. 죽은 이가 갈 곳에 대한 여러 가지 이야기 가운데 어떤 생각과 믿음을 받아들일 것인가. 이미 가지고 있는 생각, 옛부터 내려오는 믿음을 바꿀 것인가. 아니면 옛 생각에 새 이야기들을 얹어 놓거나 섞을 것인가.

고구려에서 관을 놓는 공간으로 돌곽이나 돌방을 만든 곳은 주로 변방 지역이다. 압록강 하구 서쪽 지역과 달리 고구려의 영향력 확대가 어느 정도 가능했던 요동의 중북부 지역이나 낙랑이 자리 잡고 있던 대동강 중하류 유역이 그런 곳이다. 이 두 지역은 고구려에서는 변방지대였지만 일찍부터 문명 활동과 문화 성장이 이루어졌던 땅이다. 중국이 동북아시아 진출의 교두보로 삼았던 곳으로서 한인의 정착과 상업 활동이 활발했다. 무덤 속의 특정한 공간의 면, 곧 무덤칸의 벽과 천장을 그림으로 장식하는 관습은 이런 지역에서 먼저 나타났다.[9] 3세기경의 일이다. 반면 같은 시기 고구려 예맥 사람들의 본거지인 압록강 중류 일대나 혼강 유역에서는 여전히 관 둘레에 별도의 공간이 거의 마련되지 않은 돌무지무덤이 만들어지고 있었다.

# 3
# 고분벽화의 재발견과 발굴 조사

1902년 평안남도 강서에서 고구려시대의 벽화고분이 재발견되었다. 668년 여름 신라와 당의 연합군에 의해 평양성이 포위된 후 약탈과 파괴의 손길이 미치기 시작했던 고구려 왕족과 귀족의 무덤들. 평양성이 함락되고 왕과 귀족, 유력한 백성과 장인들이 당군에 붙들려 바다 건너 중국 땅으로 이주당하자 평양 일대는 주인 잃은 땅처럼 한산해졌다. 고구려를 되살리려는 부흥군과 이를 제압하려는 당군 사이의 쫓고 쫓기는 발길이 몇 차례 스쳐 지나가고 군사동맹을 맺었던 신라와 당 사이에 전쟁이 일어나 또 한 차례 군사들의 급한 발길이 거쳐 간 뒤 평양은 전화戰火가 휩쓸고 간 도시 특유의 적막감에 휩싸였다. 그 후 어느 순간 평양은 잊혔다.

## 재발견

1902년 평안남도 강서에서 고구려시대의 벽화고분이 재발견되었다.[10] 668년 여름 신라와 당의 연합군에 의해 평양성이 포위된 후 약탈과 파괴의 손길이 미치기 시작했던 고구려 왕족과 귀족의 무덤들. 평양성이 함락되고 왕과 귀족, 유력한 백성과 장인들이 당군에 붙들려 바다 건너 중국 땅으로 이주당하자 평양 일대는 주인 잃은 땅처럼 한산해졌다. 고구려를 되살리려는 부흥군과 이를 제압하려는 당군 사이의 쫓고 쫓기는 발길이 몇 차례 스쳐 지나가고 군사동맹을 맺었던 신라와 당 사이에 전쟁이 일어나 또 한 차례 군사들의 급한 발길이 거쳐 간 뒤 평양은 전화戰火가 휩쓸고 간 도시 특유의 적막감에 휩싸였다. 그 후 어느 순간 평양은 잊혔다. 발해, 후삼국시대, 고려, 조선을 거치면서 평양은 점차 큰 도시로 되살아났지만 이곳을 수도로 삼았던 고구려는 오히려 희미해졌다.

조선이 이름뿐인 제국으로 명맥을 겨우겨우 잇고 있을 즈음 평

[그림 8] 일제 강점기 강서고분군 전경 | 평안남도 강서군 삼묘리(현 남포직할시 강서구역 삼묘리)의 들판 한가운데 있는 고구려시대 고분인 강서고분군은 3기의 무덤이 삼각형을 이루면서 배치되어 있다. 그러나 관리가 제대로 이루어지지 않아 아이들의 놀이터가 되기도 했다.

양 일대에 산재한 고구려왕과 귀족, 유력한 백성들의 크고 작은 무덤들은 주인 잃고 돌보는 이 없는 옛사람들의 흔적 정도로만 여겨졌다. 크고 화려하게 지어졌던 왕릉 가운데 일부는 속이 텅 빈 채 마을 아이들의 놀이터나 피서지가 되었다. 좀 규모가 작은 귀족의 무덤들 중에는 곡식과 채소를 갈무리해 두기 좋을 정도로 서늘해서 곳간으로 사용되는 것도 있었다. 강서의 크고 작은 세 개의 대형 무덤들은 오래전에 도굴되어 속이 텅 빈 상태였고 무덤칸 입구의 갈라진 틈으로 사람이 들어가는 것도 가능했으므로 소 먹이러 온 마을 아이들이 가끔 들러 쉬기도 하고 놀기도 할 수 있었다(〈그림 8〉).

그런데 세 무덤 가운데 두 개의 무덤의 경우 이상한 짐승들과 선녀 같은 사람, 아름다운 꽃무늬 같은 것들이 그려져 있어 묘한 분위기를 연출한다는 사실이 마을에 알려졌다. 마을 어른들은 혹 무덤에 남은 혼백이 해를 입힐지 모른다며 마을 아이들에게 근처에도 얼씬거리지 말라고 거듭 주의를 주었다. 그러나 아이들, 마을 사람들, 외지인들의 입에서 입으로 이야기가 전해지면서 무덤들에 대한 관심이 높아졌다. 강서군수 이우영도 소문을 듣고 지인들과 함께 삼묘리에 행차하여 무덤 입구를 막고 있던 흙을 파내게 하고 그 속에 들어가 보았다.[11] 강서대묘와 강서중묘의 벽화는 이런 과정을 거쳐 다시 세상에 알려졌다. 나라의 멸망과 함께 잊힌 지 거의 1300여 년 만의 일이다.

## 발굴 조사 현황

강서대묘와 강서중묘 벽화의 재발견 이래 지금까지 고구려 벽화고분은 119기가 확인되었다.[12] 고구려의 첫 번째 수도인 환인(졸본)과 두 번째 수도인 집안(국내) 일대에서 38기, 세 번째 수도인 평양 일대와 남쪽인 재령강 유역 안악 일대에서 모두 81기가 발견되었다. 강서대묘와 강서중묘를 포함하여 일제 강점기가 끝나는 1945년까지 집안과 평양 일대에서 22기 가량이 발견, 조사되었던 사실을 감안하면 해방 후 북한 지역, 곧 평양과 안악 일대에서 현재 알려진 유적의 대다수를 차지할 정도로 많은 수의 벽화고분이 확인되었음을 알 수 있다. '고분벽화의 나라'라고 해도 과언이 아닐 정도로 고구려에 고분벽화 제작이 유행했음을 짐작하게 한다. 2011년 8월까지 확인, 조사된 고구려 벽화고분의 분포 현황을 알기 쉽게 표로 작성하면 아래와 같다.

〈표 1〉 고구려 고분벽화 분포 현황(2011년 8월 현재)

| 지역 | | 지역 내 고분군 | 고분명 | 기수 | | | |
|---|---|---|---|---|---|---|---|
| 집안권 | 집안군 | 하해방 고분군 | 모두루총, 하해방31호분, 환문총 | 3 | | | |
| | | 우산하 고분군 | 우산하41호분, 각저총, 무용총, 통구12호분, 산연화총, 삼실총, 통구사신총, 오회분4호묘, 오회분5호묘, 우산하2174호분, 우산하3319호분 | 11 | | | |
| | | 산성하 고분군 | 산성하미인총, 산성하귀갑총, 산성하절천정총, 동대파365호분, 산성하332호분, 산성하491호분, 산성하725호분, 산성하798호분, 산성하983호분, 산성하1020호분, 산성하1305호분, 산성하1405호분, 산성하1407호분, 산성하1408호분 | 14 | 29 | | |
| | | 만보정 고분군 | 만보정645호분, 만보정709호분, 만보정1022호분, 만보정1368호분 | 4 | | 38 | |
| | | 마선구 고분군 | 마선구1호분 | 1 | | | |
| | | 장천 고분군 | 장천1호분, 장천2호분, 장천4호분 | 3 | | | |
| | 환인군 | 미창구 고분군 | 미창구장군묘 | 1 | 1 | | |
| | 무순군 | 시가고분군 | 시가1호분 | 1 | 1 | | |
| 평양권 | 평양군 | 순천 지역 | 천왕지신총, 요동성총, 용악동벽화분, 동암리벽화분 | 4 | | | |
| | | 평원 지역 | 운룡리벽화분, 청보리벽화분 | 2 | | | |
| | | 대동 지역 | 덕화리1호분, 덕화리2호분, 가장리벽화분, 팔청리벽화분, 대보산리벽화분 | 5 | | | 119 |
| | | 평양 지역 | 평양역전벽화분, 장산동1호분, 장산동2호분, 청계동4호분, 청계동5호분, 화성동벽화분, 미산동벽화분, 고산동1호분, 고산동7호분, 고산동9호분, 고산동10호분, 고산동15호분, 고산동20호분, 안학동7호분, 안학동9호분, 노산동1호분, 개마총, 내리1호분, 남경리1호분, 호남리사신총, 전(傳)동명왕릉, 진파리1호분, 진파리4호분, 금옥리1호분, 보림리11호분, 단군릉, 대성동벽화분, 용악산벽화분, 동산동고분 | 30 | | | |

<table>
<tr><td rowspan="5">평양권</td><td rowspan="2"></td><td>남포 지역</td><td>성총, 감신총, 수렵총, 우산리1호분, 우산리2호분, 우산리3호분, 용흥리1호분, 용강대묘, 쌍영총, 대안리1호분, 대안리2호분, 보산리벽화분, 연화총, 태성리1호분, 태성리2호분, 태성리3호분, 보림리1호분, 용호리1호분, 수산리벽화분, 강서대묘, 강서중묘, 덕흥리벽화분, 약수리벽화분, 옥도리벽화분</td><td>24</td><td rowspan="2">67</td><td rowspan="5">81</td><td rowspan="5"></td></tr>
<tr><td>온천 지역</td><td>마영리벽화분, 계명동고분</td><td>2</td></tr>
<tr><td rowspan="3">안악군</td><td>연탄 지역</td><td>송죽리고분</td><td>1</td><td rowspan="3">14</td></tr>
<tr><td>사리원 지역</td><td>어수리고분, 은파읍벽화분</td><td>2</td></tr>
<tr><td>안악 지역</td><td>월정리고분, 한월리고분, 노암리고분, 안악읍고분, 안악1호분, 안악2호분, 안악3호분, 평정리벽화분, 봉성리1호분, 봉성리2호분, 복사리벽화분</td><td>11</td></tr>
</table>

# 4 고분벽화 연구사

고구려 고분벽화는 높은 예술성과 완성도로 말미암아 재발견 당시부터 세인을 매료시켰다. 일본의 한 예술학도는 군인으로 강서에 파견되었던 시기에 현지 사람을 시켜 3일에 걸쳐 강서대묘 무덤길의 흙을 치우도록 하고 무덤 안에 들어가 벽화를 스케치했다. 그는 이 경험을 가슴에 담고 민간인으로 돌아간 뒤에는 벽화고분 조사팀에 참여하여 벽화 모사 작업을 전담하기도 했다. 그러나 발견된 고분벽화가 그리 많지 않은 상태에서 고구려 고분벽화의 회화사적 가치, 문화사적 위치에 대한 평가가 제대로 이루어지기는 어려웠다.

## 일제 강점기의 벽화 조사와 모사

고구려 고분벽화는 높은 예술성과 완성도로 말미암아 재발견 당시부터 세인을 매료시켰다. 일본의 한 예술학도는 군인으로 강서에 파견되었던 시기에 현지 사람을 시켜 3일에 걸쳐 강서대묘 무덤길의 흙을 치우도록 하고 무덤 안에 들어가 벽화를 스케치했다. 그는 이 경험을 가슴에 담고 민간인으로 돌아간 뒤에는 벽화고분 조사팀에 참여하여 벽화 모사 작업을 전담하기도 했다.[13] 그러나 발견된 고분벽화가 그리 많지 않은 상태에서 고구려 고분벽화의 회화사적 가치, 문화사적 위치에 대한 평가가 제대로 이루어지기는 어려웠다. 벽화고분 발굴 조사가 학술적으로 이루어지기 어렵게 만들었던 당시의 상황이나 사회적 조건 하에서는 더욱 그럴 수밖에 없었다.

실제로 고구려 벽화고분은 제대로 꾸려진 학술 조사팀에 의해 주의 깊게 발굴 조사되는 경우가 거의 없었다. 늘 그렇듯이 현지

[그림 9] 감신총 토사 제거 광경 | 고구려 고분벽화는 제대로 꾸려진 학술 조사팀에 의해 주의 깊게 발굴 조사되는 경우가 거의 없었다. 남포직할시 와우도구역 신령리에 있는 감신총 역시 그러했다. 사진은 1913년 감신총 발굴 조사 과정에서 토사를 제거하는 모습.

사람들에 의해 우연히 발견되어 훼손이 추가로 진행되는 와중에 외부로 알려져 조사되기도 하고, 개인적으로 도굴 수준의 작업이 이루어진 뒤 관청에 알려져 정식 조사가 진행되기도 했다(《그림 9》). 조사도 매우 단기간에 걸쳐 간결하게 이루어졌다. 심지어 진행 도중 정치사회적 변화 등에 따라 중지되기도 했다. 이로 인해 간단한 도면이나 짧은 메모 등 최소한의 학술정보만 남게 되는 경우도 있었다. 사진 촬영도 제대로 이루어질 수 없고 실측 장비도 충분히 마련되지 못한 상태에서 상세한 도면과 메모는 필수적이었지만 임의 조사에서 이런 기록들을 기대하기는 쉽지 않았다. 다행스럽게도 일제 강점기의 조사는 거의 대부분 고분 실측과 벽화 모사 작업이 동시에 이루어져 몇몇 고분의 경우 당시의 벽화 상태가 상세히 후세에 알려질 수 있었다.[14] 보통 초기 발견과 조사 당

[그림 10] 감신총 벽화 모사도 | 일제 강점기에 발견, 조사된 22기의 고구려 고분은 대부분 실측과 벽화 모사 작업이 동시에 이루어져 몇몇 고분의 경우 당시의 벽화 상태가 후세에 상세하게 알려질 수 있었다. 감신총 벽화도 그러한 경우의 하나였다.

시부터 벽화의 훼손이 빠르게 진행되는 것이 일반적이었음을 감안하면 이는 매우 다행스러운 일이다.

일제 강점기에 발견, 조사된 22기의 고구려 벽화고분 가운데 상당수는 벽화의 보존 상태가 좋은 편이었고 대개의 경우 모사도가 제작되었다(《그림 10》). 강서대묘와 강서중묘는 1912년 조사 당시에는 70일에 걸쳐, 1930년에는 강서중묘만 거의 2개월 동안 벽화가 모사되었다. 벽화 모사와 달리 벽화에 대한 사진 촬영은 주요한 몇몇 고분에서만 상세하게 진행되었다. 강서대묘와 강서중묘의 벽화는 1936년 10월 초순부터 약 40일 동안 유리건판 4백장 분량이 촬영되어 실물 크기의 사진 인화까지 이루어졌다.[15] 그러나 여타 벽화고분의 경우, 고분의 외관, 무덤칸 내부의 구조, 벽화 제재의 구성과 배치를 개략적으로 확인할 수 있는 정도로만 사진 촬영이 이루어졌다. 일제 강점기의 벽화고분 조사에는 건축기사가 동반하는 경우가 많아 무덤 구조에 대한 실측도는 비교적 상세하고 정확한 것이 남을 수 있었다.

## 일제 강점기 일본학자의 연구

일제 강점기에 조사된 고구려 고분벽화는 주로 일본학자들에 의해 중국의 한대 및 육조六朝시대 회화와 비교되었다.[16] 상대적으로 빠른 시기의 작품들은 한대 회화의 영향 아래 성립한 것으로 인식되었고, 늦은 시기의 일부 작품은 육조 회화의 세례를 받은 결과물로 보았기 때문이다. 당시까지 일본에서는 고분벽화가 발견되지 않았으므로 일본 회화와의 비교는 할 수 없었지만,[17] 고구려 고분벽화를 언급할 수 있는 일본학자들 다수가 동양학 연구자들이었던 까닭도 있었다. 중국 예술사에 관심과 지식이 있는 상태에서 '고구려 고분벽화'를 접한다면 비슷한 시기의 중국 회화, 특히 벽화나 전화, 화상석 같은 장의미술과 비교하는 것은 자연스러운 현상이라고 할 수 있다.

그러나 일제 강점기 일본학자들의 고구려 고분벽화 연구는 상당한 선입견을 바탕으로 진행되었다는 점에서 문제가 있었다. 우선 지적할 수 있는 것은 고구려 문화의 독자적 발전 과정이나 고구려 회화의 자체적 성장 과정에 대한 관심을 배제했다는 점이다. 그런 상태에서 수준 높은 벽화를 봤으니 해석과 이해에 어려움을 느꼈을 법도 하다. 이럴 경우 대뜸 고구려와 교류가 가능했던 중국 문화 산물과의 비교로 눈을 돌릴 수밖에 없다.

다음으로 동북아시아 삼국시대의 주역이던 고구려를 단순히 북방의 군사적 강국 정도로만 이해하던 기존의 역사인식을 굳이 새롭게 할 필요는 없다는 태도를 들 수 있다. 당시 일본학계는 일반적으로 한국 고대의 삼국은 중국으로부터 문화적 세례를 계속 받는 문화적 종속 상태였다는 인식을 유지하고 있었다. 고구려가 독자적으로 강서대묘 벽화와 같은 높은 수준의 회화 작품을 남기기 어렵다고 본 것이다.

문화는 높은 데서 낮은 곳으로 흐르고, 먼저 창안하여 발전시킨 기술과 기법이 이를 필요로 하는 좀 더 수준이 낮은 곳에 전해진다고 한다. 실제 이는 종종 역사적 사실로 확인된다. 그러나 늘 그렇지는 않다. 문명의 중심이 아닌 변방에서 새로운 흐름이 만들어져 이전의 중심을 대체하는 현상 역시 역사적으로 자주 확인되기 때문이다. 일본이 오랜 기간 외부 문화의 영향 아래만 있지 않았듯이 한국 고대사의 주역이던 고구려, 백제, 신라도 마찬가지였다. 고구려 역시 고분벽화라는 장의미술을 중국에서 받아들이고 배웠다고 해도 늘 중국 회화를 모사하는 단계에 머물러 있지는 않았다고 보는 편이 오히려 자연스럽다. 일제 강점기 고구려 고분벽화를 살펴보고 연구하던 일본 학자들은 이런 점을 간과하고 있었다.

## 1945년 이후의 발굴 조사

일제가 패망한 1945년 8월 이후, 고구려 벽화고분의 조사와 연구의 주역은 북한과 중국 학자들로 바뀌었다. 1949년 재령강 유역의 중심도시 안악에서 안악1호분, 안악2호분, 복사리벽화분 등과 같이 발굴 조사된 안악3호분은 북한 소재 고구려 벽화고분에 대한 국제적 관심을 불러왔다. 안악3호분은 벽화 대부분이 잘 남아 있었을 뿐 아니라 무덤 조성 연대와 피장자의 정체를 알려주는 기년묵서명紀年墨書銘도 있는 벽화고분이었다. 357년에 쓰인 이 묵서명은 안악3호분에 묻힌 인물이 전연前燕의 망명객 동수佟壽인지, 묵서명의 주인공 동수冬壽가 보좌하던 고구려 왕인지를 둘러싼 오랜 국제적 논쟁의 발단이 되었다.[18]

다수의 벽화고분이 잇따라 발굴 조사된 뒤 1976년에는 덕화리1호분, 덕화리2호분과 함께 덕흥리벽화분이 발견되었다. 덕흥리벽화분 역시 안악3호분처럼 벽화가 잘 남아 있었고 묵서명이 있었다. 무덤 주인공이 '진鎭' 이라는 고위관리이며 묵서명이 쓰인 시기가 408년이라는 사실을 알리는 이 글로 말미암아 덕흥리벽화분도 국제적 관심의 대상이 되었다. 또한 이 묵서명은 '진' 이라는 인물이 후연後燕에서 고구려로 망명해 광개토왕의 신하로 있던 인물인지, 본래부터 고구려 태생인지 여부에 대한 국제적인 논쟁을 불러일으켰다.[19]

1945년 8월 이후 집안과 환인 지역의 고구려 벽화고분은 중국 학자들에 의해 발견되고 조사되었다. 1950년에는 고구려 후기 벽화고분의 하나인 오회분4호묘가 조사되었고, 1970년에는 5세기 고구려의 동서 교류에 대한 중요한 정보가 담긴 장천1호분이 발견되었다. 1992년에는 고구려의 첫 수도 졸본이 있던 환인에서 대형 벽화고분 미창구장군묘가 발굴 조사되었다. 미창구장군묘는 5세기경 고구려의 첫 수도에서 조성된 대형 벽화고분이라는 점에서 연구자들 사이에서는 고구려 왕권과 관련하여 특별한 의미가 부여되어 만들어진 건축물이라는 짐작을 불러일으켰다.[20]

## 1945년 이후의 연구

1945년 8월 이후 유적의 조사와 관리를 담당하게 된 북한과 중국의 학자들은 새로운 고분벽화가 연구대상으로 추가될 때마다 유적에 대한 서로 다른 시각과 해석을 내놓기 시작했다. 1950년 한국전쟁 이후 서로 혈맹이라며 가장 가까운 이웃 사이임을 강조하긴 했지만 고구려가 남긴 유적을 보는 두 나라 학자들의 입장은 현재적 이해관계를 염두에 둔 민족주의적 성향을 강하게 띠게 되었다. 고분벽화를 있는 그대로 보기보다는 국가주의적, 민족주의적 입장에서 현재의 이해관계를 과거에 투영하여 아전인수격으로 해석하려 한 것이다.[21] 이런 입장과 인식 차이는 1949년 발굴조사된 안악3호분 벽화와 묵서명의 해석에서부터 두드러지게 나타난다.

안악3호분의 묵서명은 무덤 주인공과 부인이 그려진 앞방 서쪽 곁방의 입구 북쪽 벽 '장하독帳下督' 이라는 관리의 머리 옆에 쓰여 있다. 북한 학자들은 묘지명은 보통 주인공 초상이 그려진 방 입구 위쪽 벽에 쓰여야 하는데 호위 관리의 옆에 글이 있기 때문에 묵서명의 주인공 '동수冬壽'는 바로 장하독이라는 해석을 내놓았다. 반면 중국 학자들은 묘지명의 위치는 달라질 수도 있으므로 묵서명은 장하독이 아닌 무덤 주인공에 대한 것이라는 입장을 밝혔다. 한국과 일본의 학자들은 위의 두 가지 견해 가운데 무엇이 논리적으로 타당한지에 대한 자신의 판단에 따라 자유롭게 한쪽을 택하고 있지만 북한과 중국의 학자들은 예외 없이 처음 제기된 두 나라 학자들의 주장에 줄서듯 편들고 있다. 두 나라 학자들은 고구려의 문화가 어떤 과정을 밟으면서 고유의 빛깔을 지니게 되는가와 같은 객관적 질문을 던지기 이전에 각각 '처음부터 고유의 길을 걸었다'라든가, '처음부터 끝까지 중국의 영향에서 벗어나지 못했다'라는 전제를 입증하려는 차원에서 유적을 보고, 묘지명을 읽어내려 했다. 이런 까닭에 서로 아예 다른 견해를 내놓은 뒤 의견 차이를 좁히려는 시도는 전혀 하지 않고 있는 것이다.[22] 북한과 중국의 학자들은 덕흥리벽화분의 묘지명에 대한 해석에서도 주인공 진이 망명객인지 아닌지를 놓고 유사한 논쟁을 벌이고 있다.[23]

1990년대 초까지 고구려 벽화고분을 직접 조사하기는커녕 고분벽화를 볼 기회조차 가지기 어려웠던 한국과 일본의 학자들은 북한과 중국에서 나온 조사보고서에 의존하여 연구를 진행할 수밖에 없었다. 남북 대치 상황 아래 있던 한국 학자들은 고분벽화 관련 자료도 일본이나 미국 등 제3국의 대학, 연구소, 학자들의 도움을 받지 않으면 복사본으로조차 보기 어려웠고 사전에 보안당국의 열람 허가까지 받아야 했다. 한국에서는 북한이나 중국에 소재한 고구려 유적 연구의 길이 사실상 막혀 있었던 셈이다.[24]

그럼에도 해방 후 북한과 중국에서 발견, 조사되는 고구려 벽화고분의 숫자가 크게 늘고 조사보고서도 잇달아 발간되어 해외로 전해지자 한국과 일본에서도 고분벽화 연구가 점차 활발해졌다. 국가주의나 민족주의에 크게 기울지 않았던 한국과 일본의 연구자들은 북한과 중국의 연구자들보다는 객관적인 입장에서 고구려 고분벽화에 대한 연구를 진행하고 결과를 내놓았다. 벽화고분 묘지명에 대한 정치·사회적 해석이나 고분벽화 제재의 생활상, 문화계통에 좀 더 관심을 기울였던 북한과 중국학자들과 달리 한국과 일본의 연구자들은 예술성이나 종교 및 문화의 여러 측면에서 고분벽화에 접근하고 해석하려는 경향을 보였다.[25]

사실 1990년대에 들어서기까지는 남북한과 중국, 일본 어디에서도 고구려 고분벽화를 주된 연구 주제로 삼으려는 연구자는 나타나지 않았다. 연구 자료 수집도 쉽지 않고 유적을 직접 조사하기가 아예 불가능하거나 여러 측면에서 온갖 제약을 받는 만큼 고구려 고분벽화는 일시적이고 제한적인 관심의 대상 이상이 되기는 어려웠다. 더욱이 고구려 고분벽화를 제대로 연구하려면 연구자는 고고학적·미술사학적 접근을 위한 학문적 훈련을 사전에 받아야 했고, 역사학적·종교학적 인식 및 분석 능력도 갖추고 있어야 했다. 게다가 1990년대에도 고분벽화는 독자적인 연구 주제로 인식되거나 비중 있는 연구 분야로 인정받지 못하고 있어 연구를 위한 지원을 받기 극히 어려운 상태였다.

북한의 경우 주체사관에 근거한 정치·사회사적 연구가 선호되면서 고분벽화는 주요한 연구대상에서 제외되었다. 중국에서는 중원 문화의 영향 아래 성립한 지역 문화의 산물로서 간간이 언급되는 정도에 그치고 있었다. 한국의 경우 여전히 자료 접근이 어렵고 사전 준비가 많이 필요한 까닭에 고분벽화는 어느 학문 분야에서든 일시적인 관심과 연구의 대상이 되는 수준에 머물렀다. 일본에서는 고분벽화 자체가 일본 고대사와 직접적인 관련이 적은 유적이었으므로 고분벽화를 연구 주제로 삼기보다는 방증적인 연구 자료로 활용하는 정도에 머무는 경향을 보였다. 유적은 지속적으로 발견되고 연구 자료도 늘어났지만 고구려 고분벽화에 대한 종합적인 정리와 분석은 새로운 연구자 세대의 등장을 기다릴 수밖에 없었다.

# 5 고분벽화의 제작

고분벽화는 말 그대로 무덤 안 공간의 벽과 천장을 캔버스 삼아 그린 그림을 말한다. 벽과 천장이 나무판자로 마감되었을 수도 있고 벽돌이나 돌로 마무리되었을 수도 있지만 면을 여러 가지 방식을 동원하여 잘 다듬기만 하면 그림을 그리기는 그리 어렵지 않다. 보통 돌로 쌓아올린 면이 울퉁불퉁하면 두텁게 회를 발라 면을 고르게 한 뒤 그 위에 그림을 그리며, 벽돌로 쌓아올린 까닭에 벽돌 면 사이에 깊은 골이 있을 경우 회로 골을 매우고 그 위에 다시 고르게 회를 입힌 뒤 벽화를 그려 넣기도 한다. 커다란 판석으로 맞춰 세운 무덤칸의 화면에 백회를 입히지 않은 상태로 그림을 그리는 경우도 있다.

## 제작 방법

고분벽화는 말 그대로 무덤 안 공간의 벽과 천장을 캔버스 삼아 그린 그림을 말한다. 벽과 천장이 나무판자로 마감되었을 수도 있고 벽돌이나 돌로 마무리되었을 수도 있지만 면을 여러 가지 방식을 동원하여 잘 다듬기만 하면 그림을 그리기는 그리 어렵지 않다. 보통 돌로 쌓아올린 면이 울퉁불퉁하면 두텁게 회를 발라 면을 고르게 한 뒤 그 위에 그림을 그리며, 벽돌로 쌓아올린 까닭에 벽돌 면 사이에 깊은 골이 있을 경우 회로 골을 매우고 그 위에 다시 고르게 회를 입힌 뒤 벽화를 그려 넣기도 한다. 커다란 판석으로 맞춰 세운 무덤칸의 화면에 백회를 입히지 않은 상태로 그림을 그리는 경우도 있다.

초기와 중기의 고구려 고분벽화는 주로 돌로 쌓아올린 면 위에 잘게 썬 짚과 횟가루를 같이 버무린 회흙을 두텁게 바르고 그 위에 거친 회를 한 차례 덮은 뒤 마지막으로 고운 회를 얇게 덧입힌 다음 그림을 그려 넣는 방식으로 제작되었다.[26] 회벽 위에 그림을 그릴 때도 먼저 밑그림을 그린 도면을 잘 다듬은 벽 위에 대고 먹바늘과 같은 도구를 사용하여 그림 그릴 선을 전사轉寫해낸다. 그 다음 도면을 떼 내고 밑그림을 옮긴 먹바늘선을 따라 붉은 먹으로 그림의 윤곽을 나타내는 선을 넣은 뒤 비로소 색 넣기를 시작했다. 채색이 끝난 그림은 윤곽이 뚜렷이 남도록 처음 넣었던 붉은 선 위에 검은 먹선을 넣었다. 벽화를 담당한 화공은 때로 주름치마의 주름선과 같은 반듯한 선을 긋기 위해 막대자를, 해와 달 같이 완전한 원을 그리기 위해 곱자(컴퍼스)를 사용하기도 했다.

보통 벽에 회를 바르고 그 위에 벽화를 그리는 화장지법은 회가 완전히 마르기 전 그림을 그려 넣는 습지벽화법과 회가 마른 상태에서 그림을 그리는 건지벽화법으로 나뉜다. 고구려 고분벽화가 제작될 때는 습지법과 건지법이 모두 사용되었지만 일반적으로 습지법이 선호되었다. 습지법과 건지법이 같이 적용된 사례는 아직은 집안의 장천1호분 벽화에서만 확인된다. 동아시아에서 건지법은 건조한 기후 지역의 동굴사원 벽화 제작에 빈번히 사용되었다. 중국의 신강 위구르 자치구의 타클라마칸 사막 가장자리 여러 곳에 남아 있는 불교사원 벽화에서 그 전형을 확인할 수 있다. 5세기 고구려의 동서 문물교류 정황을 잘 보여주는 장천1호분 벽화 제작에 기존의 습지법과 함께 건지법이 적용된 것도 이와 관련하여 주목될 만하다.

고구려의 후기 고분벽화는 무덤 안의 벽과 천장에 회를 바르지 않고 돌면에 직접 벽화를 그려 넣는 조벽지법이 적용된 사례가 많다. 주로 화강암이나 대리석을 적당한 두께로 길고 네모지게 자른 뒤 안쪽 면을 잘 다듬은 상태로 짜 올려 무덤칸의 벽과 천장을 이루게 한 대형 돌방무덤에 적용된 기법이다. 물론 중대형의 돌방무덤이라도 대형 판석이 사용되지 않은 후기 무덤의 경우, 이전처럼 벽과 천장에 석회를 입힌 뒤 그 위에 그림을 그릴 수밖에 없다. 채색 안료의 침투와 접착이 쉬운 회벽과 달리 회가 입혀지지 않은 돌벽은 안료 접착이 어렵다. 따라서 조벽지법이 적용되기 위해서는 회벽에 사용되던 것과는 다른 방식으로 만들어진 아교와 안료가 필요하다. 후기의 조벽지법 벽화 제작에는 이전보다 발전된 방식으로 아교와 조합된 안료가 사용되었음을 알 수 있다.

## 안료와 기법

고분벽화가 제작될 때에는 갈색이 기조 색이 되고 흑색, 황색, 자색, 녹색이 우선적으로 더해지는 경우가 일반적이다. 이런 식의 색채 구성은 무덤 안의 분위기를 부드러우면서도 차분하게 끌고 가는 효과를 거둘 수 있다. 갈색과 자색은 벽사辟邪와 재생再生이라는 장의의 기본 목적에 가장 잘 부합하는 색깔이기도 하다. 고구려 고분벽화 제작에도 갈색과 자색이 자주 사용되었다. 갈색과 자색은 특히 무덤 안을 지상세계의 건축물처럼 느낄 수 있도록 한 기둥과 도리의 채색에 빈번히 사용되었다. 붉게 칠해진 기둥과 들보는 그 자체로 강한 생명력을 내뿜는 존재로 인식될 만하다(《그림 11》). 일본의 신사神社 건물 기둥과 도리, 이런 건축물로 들어가는 입구임을 알리는 '도리이鳥居' 라는 상징적인 기둥 문이 온통 선홍빛 '주朱' 로 채색된 것도 재생과 벽사 효과를 염두에 둔 행위다.

고구려 고분벽화 제작에는 광물질 가루가 주된 채색 안료로 사

[그림 11] 각저총 내부 | 고분벽화는 일반적으로 갈색을 기조 색으로 하고 여기에 흑색, 황색, 자색, 녹색을 더한다. 고구려 고분벽화도 갈색과 자색을 자주 사용했다.

용되었다. 송연먹, 석청, 석황, 석록, 자황, 백록, 주사, 자토 외에 금과 연분 등이 채색 안료의 원료로 사용되었다. 이런 광물성 안료들을 해초를 달여 만든 태교나 개가죽풀과 같은 동물성 아교에 개어 벽화 채색에 사용하면 무덤 안의 높은 습도와 심한 일교차와 계절 교차로 인한 온습도 변화를 비교적 오랜 기간 동안 견뎌낼 수 있었다.

고구려 화공들은 일교차와 계절 교차가 심한 동북아시아의 자연환경, 밀폐된 공간이면서도 외부 온습도 변화의 영향을 받을 수밖에 없는 무덤 안 공간의 회벽이나 돌벽에 안정적으로 접착된 채 변색되지도 않고 곰팡이 등의 침식도 잘 받지 않는 안료와 아교의 개발에 늘 신경을 써야 했다. 고구려의 후기 고분벽화로 돌벽 위에 곧바로 그려진 강서대묘와 강서중묘의 사신四神이 1,300여 년이 지

[그림 12] 장천1호분 벽화 우주역사 | 대부분의 고분벽화는 밑그림을 바탕으로 그려지고 채색되었으므로 필요할 경우 수정이 가능했다. 중국 길림성 집안에 있는 고구려 벽화고분 장천1호분 벽화 우주역사의 얼굴에도 여러 차례 수정한 흔적이 남아 있다.

난 뒤에도 원형과 색채를 거의 그대로 유지하고 있는 것은 고구려 화공들의 오랜 노력이 맺은 귀한 열매라고 해야 할 것이다.

거의 대부분의 고분벽화가 밑그림을 바탕으로 그려지고 채색되었으므로 필요에 따라 수정되는 것도 가능했고 실제 수정되기도 했다. 회화용 붓으로 회벽 위에 그린 그림일 경우, 고치려는 부분에 얇게 회를 덧바른 뒤 새로운 선과 색채를 더하기도 했고 아예 화면 전체를 새로 회로 덮은 상태에서 새로 그림을 그려넣기도 했다. 반면 끝을 날카롭게 다듬은 죽필竹筆로 안료를 찍어 돌벽에 안료가 스며들도록 눌러 그린 그림일 때에는 수정이 쉽지 않았다. 불가피할 경우 해당 부분에 얇게 분을 덧입히고 수정 선을 더하는 정도에서 그치는 것이 일반적이었다.

장천1호분 벽화에는 우주역사의 얼굴을 여러 차례 수정한 부분

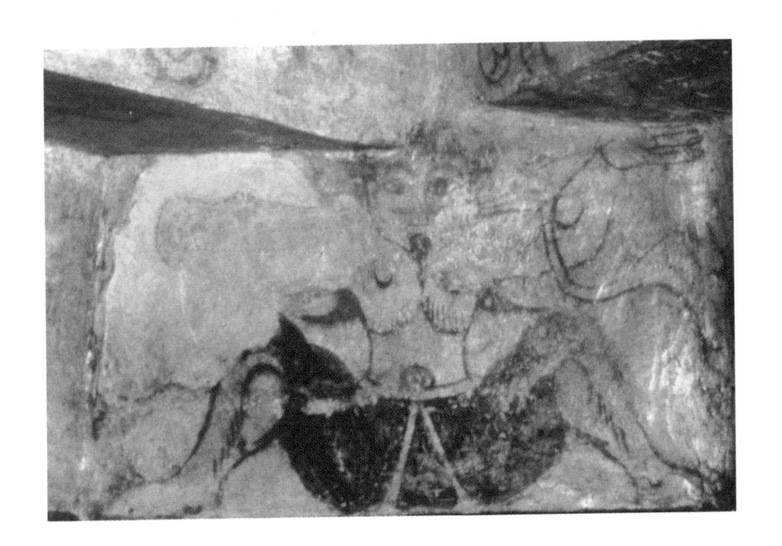

[그림 13] 안악3호분 벽화 무덤 주인 | 황해남도 안악군 오국리에 있는 안악3호분의 무덤 주인공 벽화 역시 여러 번 고친 사례에 속한다. 무덤 주인공의 얼굴과 손과 옷깃, 부인과 시녀의 옷깃 위치 등에 수정을 가한 흔적이 보인다.

이 보이는가 하면, 남녀쌍인연화화생 그림을 회로 덮고 연꽃장식무늬를 다시 그린 사례도 확인된다(〈그림 12〉). 환문총 벽화는 춤추는 장면을 포함한 생활의 일상적인 모습을 동심원무늬 중심의 장식무늬로 바꿔 벽화의 주제를 아예 수정한 경우에 해당한다. 안악3호분 벽화는 무덤 주인공의 얼굴, 손, 옷깃, 부인과 시녀의 옷깃 위치 등을 여러 차례에 걸쳐 고친 사례에 속한다(〈그림 13〉).

# 6
# 고분벽화의 전개 과정

현재까지 발견된 고구려 고분벽화는 3세기 중엽부터 7세기 전반에 걸쳐 제작된 것이다. 이 가운데 3세기 중엽부터 5세기 초까지 제작된 고분벽화는 초기 작품으로 분류할 수 있다. 초기 벽화가 등장하는 고분 구조는 매우 다양하다. 금옥리1호분이 외칸 돌널무덤에 가까운 단순한 구조의 돌방무덤이라면, 요동성총은 요양삼도호3호분 등을 연상시키는 여러칸 돌널무덤이다. 회랑이 있는 여러방무덤인 태성리3호분과 안악3호분은 무덤 구조, 축조기법, 벽화제작 방식 등이 산동 기남북채촌1호한묘와 비슷하다.

## 초기 고분벽화

현재까지 발견된 고구려 고분벽화는 3세기 중엽부터 7세기 전반에 걸쳐 제작된 것이다. 이 가운데 3세기 중엽부터 5세기 초까지 제작된 고분벽화는 초기 작품으로 분류할 수 있다. 초기 벽화가 등장하는 고분 구조는 매우 다양하다. 금옥리1호분이 외칸 돌널무덤에 가까운 단순한 구조의 돌방무덤이라면, 요동성총은 중국 요녕 요양삼도호3호분 등을 연상시키는 여러칸 돌널무덤이다. 회랑이 있는 여러방무덤인 태성리3호분과 안악3호분은 무덤 구조, 축조기법, 벽화제작 방식 등이 중국 산동 기남북채촌1호한묘와 비슷하다.[27] 외방의 돌방무덤인 복사리1호분 등은 무덤 구조나 축조기법으로 볼 때 낙랑 및 대방 지역의 2세기 벽돌무덤과 인척 사이라고 할 수 있다.

초기 고분벽화는 대부분 벽과 천장에 석회를 바르고 그 위에 그림을 그린 것이어서 온전히 남은 벽화가 드물다. 일반적으로 석회

[그림 14] 수산리벽화분 벽화 무덤 여주인 얼굴 부분 | 초기와 중기 고분벽화는 대부분 벽과 천장에 석회를 바르고 그 위에 그림을 그려 넣었다. 때문에 온전히 남은 벽화가 드물다. 중기 작품인 수산리벽화분의 무덤 여주인 얼굴은 이러한 문제를 잘 보여준다.

채색층은 오랜 기간 심한 온습도 변화를 겪으면 벽과 천장에서 떨어져 나오기 쉽다. 고구려 초기 고분벽화도 이런 이유로 인해 제대로 남은 것이 많지 않다. 20세기 들어 시작된 벽화고분의 재발견과 조사 과정에서 주의가 부족했거나, 조사 후 유적을 방치하다시피 했던 것도 석회층 위에 그려진 벽화가 빠른 속도로 퇴색되거나 석회층이 작고 큰 조각으로 나뉘어 벽체에서 떨어져 나가는 데 적지 않은 영향을 끼쳤다. 초기 고분벽화 가운데 발견 당시 보존 상태가 매우 좋았던 안악3호분이나 덕흥리벽화분, 중기 작품인 수산리벽화분은 북한의 문화재 관리당국이 벽화 보존에 상당한 주의를 기울였음에도 조사 뒤 10년 이상이 지나자 곰팡이가 피고 채색층이 벗겨져 일어나거나 석회층이 조각조각 떨어져 내리는 현상이 나타났다(〈그림 14〉). 석회채색층이 보존되는 데 적합한 환경

이 제대로 조성되지 못했던 까닭이다.[28]

초기 고분벽화의 공통주제는 생활풍속이다. 벽화 주제로서의 생활풍속은 무덤에 묻힌 이가 살던 시대의 생활상을 재현한 것을 가리킨다. 생활풍속이 벽화 주제로 선택될 때에는 보통 무덤 주인 부부의 일상생활 모습, 무덤 주인 생전의 기억할 만한 사건이나 무덤 주인의 신분 및 지위를 나타내는 장면이 같이 그려지는 것이 일반적이다. 무덤 주인이 대규모 행렬의 주인공 혹은 많은 신하들로부터 업무보고를 받는 모습으로 그려진 것은 죽은 이의 생전 지위를 나타내기 위함이었다. 무덤 주인 부부가 안채의 한가운데 나란히 앉아 시녀들로부터 음식 시중을 받는다든가, 나들이 도중에 가무와 곡예, 운동경기를 관람한다든가 하는 것은 여유롭게 일상을 보냈음을 보여주기 위함이었다.

고구려의 초기와 중기 고분벽화 가운데에는 무덤칸의 벽 모서리, 벽과 천장이 맞닿는 지점에 기둥, 보, 도리와 같은 목조가옥의 뼈대에 해당하는 부분을 그린 예가 많다. 보통 보의 아래쪽에는 일상생활의 여러 장면을 나누어 묘사하고, 보 위쪽에는 해, 달, 별자리, 하늘세계의 온갖 존재들을 표현한다. 이런 표현은 무덤칸이 죽은 자를 위해 지하에 지어진 새로운 집임을 나타내려는 데 일차적 목적이 있다. 그러나 기둥과 보로 나뉜 무덤칸 안의 화면에 지상세계의 집 안팎의 모든 것, 심지어 하늘의 별자리까지 묘사된 점을 고려하면 각각의 화면은 무덤 주인이 앞으로 어떤 세계에 살지를 나타내는 새로운 공간이기도 하다.

생활풍속이 주제인 고분벽화에 의식주를 포함한 생활 현장의 이모저모가 그려지고 무덤 주인의 삶에서 기억될 만한 장면이 함께 묘사되는 것은 생전의 삶을 지하세계에 재현하면서 내세의 삶을 기약한다는 점에서 자연스러운 현상이라고도 할 수 있다. 그러나 각각의 고분벽화를 자세히 살펴보면 죽은 이가 살던 시대, 죽은 자의 생전의 생활상이 그대로 다시 그려졌다고 보기 어려운 부분도 있음을 발견하게 된다. 유심히 벽화를 들여다보면 벽화 제재로 죽은 자 생전의 모습만 선택되어 그려지지는 않았다는 사실을 확인할 수 있다.

긴 묵서명으로 널리 알려진 안악3호분과 덕흥리벽화분에는 묘지명에 보이는 무덤 주인공 생전의 경력과 일치하지 않는 벽화 장면이 등장한다. 무덤 주인공이 생전에 실제 역임하지 않았던 관직이나 누리지 못했던 영광스런 장면이 생전의 삶을 표현한 부분과 서로 섞여 있다. 357년 제작된 안악3호분에 보이는 대행렬도는 본래는 500명 규모인 행렬의 절반만 표현한 것으로 소망을 현실처럼 그려낸 경우에 해당한다(《그림 15》). 고구려 변방의 지방관리가 300년대 전반 고구려에서 왕이 아니면 동원할 수 없는 규모의 대행렬 주인공으로 묘사된 것을 생전 삶의 재현으로 보기는 어렵다.

408년 작품인 덕흥리벽화분의 주인공은 묘지명에서 같은 시기의 역사기록에서 확인되지 않는 거대한 행정구역을 관리했던 것으로 묘사되었다. 그러나 벽화 속의 행렬도는 안악3호분의 것과 비교해 볼 때 규모도 작고 행렬 참가자의 구성방식도 비교적 단순

[그림 15] 안악3호분 벽화 대행렬도 | 초기 고분벽화의 주제는 생활풍속이다. 그러나 죽은 자의 생전 모습만 선택되어 그려지지는 않았다. 357년 제작된 안악3호분의 대행렬도는 무덤 주인공의 소망을 현실처럼 그려낸 경우에 해당한다.

하다. 13군태수배례도十三郡太守拜禮圖로 불리는, 태수와 장군들이 주인공에게 절하며 업무를 보고하는 장면에는 실체가 확인되지 않는 행정구역을 맡은 사람도 여럿 나온다. 무덤 주인이나 그의 후손이 5세기 초의 고구려 영역에 버금가는 '가상의 유주'를 상정하고 무덤 주인을 그런 광대한 행정구역을 다스렸던 위대한 인물로 그려낸 경우다.

이처럼 초기 고분벽화의 생활 장면에는 죽은 이와 그의 자손이 바라는 현재와 내세 삶의 모습이 상당 부분 겹쳐 있음을 알 수 있다. 이런 식의 벽화 구성은 남은 자, 곧 산 자의 소망이 작용한 결과이기도 했다. 덕흥리벽화분 묘지명은 '자자손손 좋은 자리에 오르고 번성하여 이 무덤을 찾는 이가 끊이지 않기를 바란다'는 기

[그림 16] 덕흥리벽화분 벽화 유주자사 앞의 돌상 | 고분벽화의 제재는 나름의 역할이나 기능을 부여받는다. 무덤 주인공의 초상 앞에 놓인 돌상은 그가 죽은 후 조상신이 되어 현재에도 영향을 끼칠 수 있다는 점을 의식하여 선택된 것으로 보인다.

원문으로 마무리된다.[29] 덕흥리벽화분의 주인공이 생전에 묘지명에 등장하는 큰 벼슬자리에 오르지 않았더라도 벽화에 이런 자리를 누리는 모습을 그려 넣음으로써 기원을 현실화하는 주술적 효과를 기대한 때문이라고 할 수 있다. 실제 유주자사를 역임했다면 그 자리를 누린 자의 자손도 역시 그런 자리까지 오르기를 기원하는 뜻이 담겨 있다고 해야 할 것이다.

생활풍속을 주제로 한 고분벽화라 하더라도 제재는 매우 선택적이다. 실제 생전이나 사후의 생활 모습을 다 그려 넣을 수도 없지만 제한된 화면 안에 반드시 혹은 우선적으로 표현해야 하는 것이 있어서다. 주목되는 점은 벽화 제재들에 주어지는 나름의 특정한 역할이나 기능이 선택과 묘사의 기준으로 작용할 가능성이 높

[그림 17] 무용총 벽화 수박희 | 고분벽화에서 생활풍속의 제재로 등장하는 수박희 장면 역시 단순한 일상풍경의 재현은 아니다. 그림에서 서로 겨루는 두 사람 중 한 사람은 반드시 코가 높은 서역 사람인데, 당시 서역 사람은 지키는 자를 상징했다.

다는 사실이다. 무덤 주인공의 초상이 무덤칸의 중요한 벽면에 반드시 그려지고 화면 앞에 제사를 받는 데 쓰이는 돌상이 놓이는 것은 그가 죽어서 조상신이 되어 현재에도 영향을 끼칠 수 있는 존재이기 때문일 것이다(〈그림 16〉). 행렬도나 가무도는 무덤 주인공의 생전과 사후의 지위, 신분을 나타내는 표시이며, 사냥도나 마사희馬射戱 장면은 전사로서의 자질과 능력을 드러내는 장치다.

생활풍속의 제재로 등장하는 씨름도 및 수박희 장면 역시 단순한 일상풍경의 재현으로 보기 어렵다. 씨름이나 수박희 장면에서 힘과 기술을 겨루는 두 사람 가운데 한 사람은 반드시 코가 높은 서역 사람이다(〈그림 17〉). 고대 동아시아에서 서역인은 보통사람과는 다른 수준의 힘을 지닌 '역사力士'로 인식되었다. 때문에 동아시아 예술에서 서역인은 중요한 공간의 입구를 지키는 문지기,

신분과 지위가 높은 사람의 호위무사로 묘사되었다. 초기 고분벽화 씨름도나 수박희 장면의 서역 사람도 지키는 자로 그려졌다고 봐야 할 것이다. 이 서역 사람은 무덤 주인이 새 삶터로 들어가기 위해 지나가야 할 '관문'을 지키는 자인지도 모른다.[30]

고분벽화는 성격상 현재를 기록하여 남기기 위해서만 그려졌다고 보기는 어렵다. 고분벽화는 장의미술이기 때문이다. 장의미술에서 공통적으로 전제되는 것은 '기원, 소망'이며, '주술적 효과'다. 장례 자체가 죽은 자를 기리는 데서 그치지 않고 남은 자에게도 영향을 주며 산 자에게 도움이 되게 하기 위한 행위다. 장의미술을 구상하고 작품으로 남기는 과정은 그 자체가 복잡하고 다양한 장례 절차의 일부이자, 어떤 면에서는 가장 긴요한 부분이기도 하다. 무덤 문이 한 번 닫히면 산 자가 그 작품을 볼 가능성은 거의 없다. 하지만 죽은 자의 세계가 산 자의 세상과 불가분의 관계를 맺고 있어 상호 영향을 끼칠 수 있다고 믿는 시대의 사람들에게 고분벽화는 오랜 기간 주술적 효과를 낼 수 있는 매우 중요하고 생생한 주술 행위의 원천으로 인식되었을 것이다.

## 중기 고분벽화

5세기 중엽부터 5세기 말에 걸쳐 제작된 중기 고분벽화의 무덤 양식은 초기보다 단순한 편이다. 중기에는 중국의 한~위·진시대 요양 지역 벽화고분이나 후한시대 산동 지역 화상석묘를 연상시키는 무덤이 축조되지 않는다. 중기 벽화고분은 크게 외방의 돌방무덤과 여러방의 돌방무덤으로 나뉘며, 여러방의 돌방무덤이 돌방의 수나 형태에 따라 다시 여러 유형으로 나뉜다.

중기 고분벽화는 초기에 비해 주제가 다양하다. 중기 고분벽화에서는 생활상을 재현한 것 외에 상징성이 높은 장식무늬를 주제로 한 것, 천문신앙을 바탕으로 성립한 사신四神을 주제로 삼은 것이 모두 발견된다. 중기에는 세 가지 종류의 큰 주제가 비중을 달리하며 서로 섞인 상태의 고분벽화도 다수 확인된다.

중기 고분벽화에는 5세기 고구려의 모습이 담겨 있다. 고구려의 5세기는 역동적이며 풍부하다.[31] 동아시아 국제질서를 주도하는 4

대 강국의 하나, 동북아시아의 패권을 잡은 국가로 전성기를 누렸다.[32] 79년에 걸친 장수왕의 재위기간(413~492)에 고구려는 정치적으로 안정되어 있었고 문화적으로도 풍성했다. 439년 북위가 북중국을 통일함으로써 동아시아에서는 내륙아시아의 패권을 잡은 유목제국 유연柔然, 북중국의 북위, 남중국의 송, 동북아시아의 고구려 사이에 힘의 균형이 성립되었다. 동아시아를 네 개의 세력권으로 재편한 네 나라는 서로를 견제하면서 사회문화적 교류를 활발히 했다. 동북아시아의 패권국가 고구려는 이들 나라와의 교류를 통해 새롭고 다양한 문화를 지속적으로 받아들일 수 있었고, 동북아시아 문화 중심으로서의 지위를 확고히 유지할 수 있었다. 5세기의 평양은 이 시기 고구려 사람들의 세계관이던 고구려 천하관의 중심이었으며 동북아시아 전역에 강한 영향을 미쳤던 범凡고구려 문화의 출발점이었다.

중기 고분벽화에는 생활풍속, 장식무늬, 사신을 중심 주제로 삼는 경우도 발견되고, 여러 주제를 다양한 비중으로 혼합시킨 사례도 확인된다. 장식무늬 고분벽화는 5세기 중엽에 많이 제작되는데, 대부분 연꽃을 소재로 삼은 것이었다. 환인장군묘나 평양의 전傳동명왕릉은 무덤 내부가 연꽃무늬와 몇 가지 장식무늬로만 꾸며진 벽화고분이다. 순수 장식무늬 벽화고분은 고구려에서만 특이하게 나타나는 현상이다(《그림 18》).

불교의 유행과 관련이 깊은 연꽃무늬 고분벽화는 고구려 사람들 사이에 불교적 내세관이 크게 유행했다는 증거이기도 하다.[33]

[그림 18] 환인장군묘 내부 | 중기 고분벽화에는 생활풍속, 장식무늬, 사신을 중심 주제로 삼는 경우가 발견된다. 환인장군묘나 평양의 전동명왕릉은 5세기 중엽에 많이 제작된, 연꽃무늬와 몇 가지 장식무늬로만 꾸며진 벽화고분이다.

쌍영총雙楹塚이나 안악2호분 벽화에서처럼 연꽃무늬가 부분적으로 묘사될 경우, 함께 등장하는 불교 승려나 귀족들의 공양 행렬은 벽화 속의 연꽃이 불교신앙의 상징적 표현임을 확인시켜 준다. 환문총의 동심원무늬 역시 현재로서는 여래의 두광을 깨달음과 자비의 상징으로 사용한 사례로 이해되어야 할 것이다. 5세기 동아시아는 불교의 시대였다.

중국의 북위에서 석굴사원의 조영이 크게 유행하는 동안 고구려에서는 연꽃무늬로 장식된 벽화고분이 널리 만들어졌다. 고구려 사람들은 조상신의 세계로 돌아가는 현세의 연장으로서의 내세가 아니라 연꽃을 자궁 삼아 완전히 새롭고 자유로운 존재로 재탄생하는 세계를 꿈꾸게 되었다. 정토로 불리는 불교적 내세에서

[그림 19] 삼실총 벽화 우주역사 | 중기 고분벽화 중에는 5세기의 동서 교류 양상을 보여주는 것도 있다. 팔다리에 뱀이 감긴 우주역사가 등장하는 삼실총 벽화는 서역 문화가 중국을 거치지 않고 곧바로 고구려로 들어왔음을 보여주는 적절한 예다.

의 새로운 삶에 대한 강렬한 소망이 고분벽화의 주제를 바꿨다. 5세기 중엽 만들어진 벽화고분의 내부가 연꽃으로 가득한 세계, 연화정토蓮花淨土를 연상시키는 공간으로 바뀌게 된 것도 이 때문이다.

중기 고분벽화 생활풍속 장면에는 불교 행사와 관련된 것 외에 5세기의 동서 교류 양상을 드러내는 것도 보인다. 장천1호분과 삼실총에는 동방세계에서는 낯선 서역인의 얼굴이 보이고, 인도문화와 깊은 관련이 있는 팔 다리에 뱀이 감긴 우주역사도 등장한다(〈그림 19〉). 서역 악기인 비파도 5세기 동서 교류와 관련하여 이해될 수 있는 물건이다. 중국 신화 속 전쟁신을 연상시키는 존재도 중기 고분벽화에 보인다.

장천1호분과 삼실총에 등장하는 우주역사는 중국이라는 중개지를 거치지 않고 초원의 길을 통해 곧바로 고구려로 들어온 서아시아 및 인도 문화 요소다.[34] 보통 중국을 통해 동북아시아에 들어오는 문화 요소들은 중국 특유의 문화 소화 과정, 곧 일정한 변형을 거친다. 간다라의 불교미술 문화가 '중국화' 하면서 동북아시아로 전해지는 과정이 전형적인 사례다. 그러나 고구려 중기 고분벽화의 서역적 요소들은 원형을 비교적 잘 유지하고 있다. 벽화 속 우주역사의 모습은 당대에 동방에 알려진 서역인의 형상 그대로다. 초원의 길은 5세기 고구려가 북중국의 북위뿐 아니라 유목제국 유연도 주요한 교류 대상으로 삼으면서 활발하게 사용한 또 하나의 대외 교통로였다.

벽화 구성에서 사신의 비중이 높아지는 것은 중기 고분벽화의 또 다른 특징 가운데 하나다. 사신은 하늘 사방 28수를 방위별로 7개씩 나누어 신수로 형상화시킨 결과물이다. 동서남북 각 방위의 방위신에 해당하는 청룡, 백호, 주작, 현무는 죽은 자가 하늘세계에서 내세 삶을 누릴 때 수호신의 역할을 한다고 믿어졌다.[35]

고대 동아시아에서는 하늘과 땅이 별도의 세계이면서 서로 영향을 준다는, 다시 말해 하늘에서 땅으로, 땅에서 하늘로 기운이 전해진다는 '천지감응설天地感應說' 이 유행했다. 그에 따라 사신의 형상을 갖춘 땅의 한가운데에 집을 지으면 하늘로부터 내려온 사신의 기운으로 그 집에 사는 사람들이 보호받고 더 나아가 사회적으로 높은 지위에 이르고 재산도 크게 불어나 잘 살 수 있다는 인식이 널리 퍼졌다.

무덤 안에 그려진 사신은 현실에서 찾기 어려운 사신의 지세地勢를 대신한다.[36] 덕화리1호분이나 덕화리2호분처럼 5세기 후반 고분벽화 가운데에는 사신의 비중이 높은 것이 많다. 죽은 자의 세계가 사신에 의해 보호받는 것이므로 벽화에서 사신의 비중이 높아지면 다른 제재들은 무게감이 급속히 낮아진다.

## 후기 고분벽화

6세기 초부터 7세기 전반은 후기 고분벽화가 제작되는 시기다. 이 시기 고분벽화의 무덤 양식은 매우 단순하다. 외방의 돌방무덤으로 사실상 통일되기 때문이다. 벽화 주제도 사신으로 한정된다. 무덤 축조 기술이나 벽화 제작 기법은 매우 발전된 수준을 보여주지만 문화적 역동성이나 실험정신을 확인하기는 어렵다.

6세기 초부터 고구려 후기 고분벽화의 시대가 시작된다. 119기에 이르는 고구려 벽화고분 가운데 후기로 편년될 수 있는 것은 10기 안팎이다. 고구려가 427년 국내에서 평양으로 천도한 뒤 평양을 중심으로 한 대동강 유역과 안악이 자리 잡은 재령강 일대에는 다수의 돌방무덤이 축조되었다. 평양 천도 이후인 5세기로 편년되는 벽화고분 가운데 대동강과 재령강 지역에서 발견된 것이 압도적 다수임을 감안하면 평양 및 남포 일원에서 후기 벽화고분이 단지 6기 확인되었다는 것은 다수의 무無벽화분을 고려하더라도 매우 적은 숫자다. 6세기에 들어선 뒤 고구려 사회에서 벽화고분의 축조가 뜸해졌음을 시사하는 현상이다.

후기 고분벽화의 주제는 사신이다. 이 시기에는 장식무늬나 생활풍속을 주제로 한 고분벽화가 제작되지 않는다. 북한 학자들이 6세기로 편년하는 안악 지역의 평정리1호분에서 풍경 묘사 흔적이 확인되나 벽화의 남은 부분이 적어 주제를 명확히 규정하기는 어렵다.[37] 후기 고분벽화의 무덤 구조는 외방의 돌방무덤으로 단순하지만 잘 다듬은 커다란 판석을 축조 재료로 사용한 대형 무덤이 대부분이다. 대형 무덤은 많은 비용과 인력이 동원되어야 축조될 수 있다. 후기 벽화고분의 무덤 주인공이 왕족이나 왕임을 짐작하게 하는 부분이다. 후기의 대형 벽화고분의 벽화가 석회를 바르지 않은 돌벽 위에 직접 그려진 것은 발전된 아교 배합 기술 및 고급 안료 덕이라고 해야 할 것이다.

후기 고분벽화가 제작되던 시기의 고구려는 정치가 불안정하고 대외관계에서 방어적인 태도를 보였다.[38] 동아시아 국제질서가 급변하고 있었지만 고구려 내부는 귀족세력 간의 권력투쟁으로 혼란스러웠다.[39] 기존 불교세력과 신흥 도교세력 사이의 갈등으로 사회적 분열도 깊어졌다. 정치사회적 안정이 깨지자 문화적 역동성도 약화되었다. 외부로부터 새로운 문화의 유입은 계속되었지만 이런 흐름이 곧바로 고구려식의 문화 소화와 재창조로 이어지는 데는 상대적으로 오랜 시간이 걸렸다.

고구려의 후기 고분벽화에는 중국 남북조에서 유행하던 미술양

[그림 20] 통구사신총 벽화 현무 | 후기 고분벽화의 초기 작품에는 중국 남북조에서 유행하던 미술 양식의 흔적이 엿보인다. 통구사신총의 현무 벽화는 강력한 기운의 흐름을 배경으로 사물을 배치하는 남북조 미술 양식의 특징이 그대로 남아 있다.

식이 동방으로 전파되어 수용되었음을 알게 하는 제재나 기법들이 여럿 확인된다. 통구사신총과 진파리4호분 벽화는 강력한 기운의 흐름을 배경으로 사물을 배치하는 남북조 미술 양식이 그대로 옮겨진 것처럼 느껴진다(〈그림 20〉). 오회분5호묘 널방 모서리의 하늘을 받치는 자세의 괴수는 남북조 후기 석관묘나 묘지개석의 측면을 장식한 괴수들을 거의 그대로 옮겨놓은 듯 보인다.[40] 새로운 문화 요소가 미처 소화되지 못하고 고분벽화의 제재로 자리 잡은 경우다.

그러나 후기 고분벽화 시대의 대미大尾를 장식하는 강서대묘나 강서중묘는 고구려 문화의 저력을 재삼 확인시켜주는 좋은 사례

[그림 21] 강서대묘 벽화 현무 | 후기 고분벽화의 대미를 장식하는 강서대묘와 강서중묘에는 중국 남북조 미술 양식의 흔적이 보이지 않는다. 강서대묘 벽화 현무는 배경을 일체 생략함으로써 공간적 깊이를 더한, 고구려식 사신 표현의 백미다.

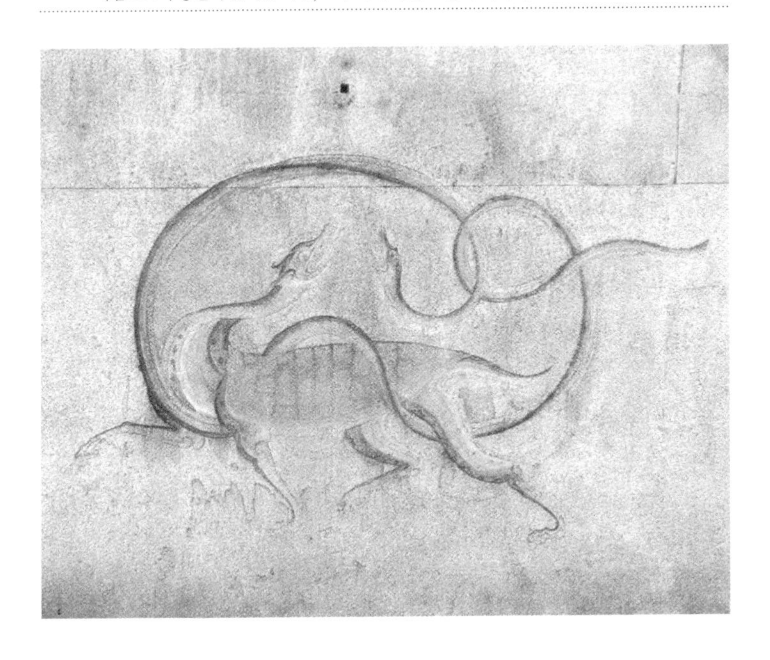

다. 비록 반세기 정도의 시간이 걸렸지만 남북조 미술 양식의 영향은 사라지고, 수·당시대 사신 표현 양식의 영향은 보이지 않는, 고구려식 사신 표현이 두 고분벽화에 등장한다. 배경을 일체 생략함으로써 공간적 깊이를 더한 것은 고구려식 사신 표현의 백미百媚라고 할 수 있다(《그림 21》). 사신 자체도 남북조나 수·당 고분벽화의 사신처럼 특정한 동물을 모델로 그 이미지를 재현하려고 하기보다는 우주적 수호신으로서의 이미지를 새롭게 창안하고 표현해내는 데 성공하고 있다. 또한 강서대묘와 강서중묘의 사신에는 상상력에 기초한 사실적 이미지가 잘 구현되어 있다.

# 7
# 고분벽화의 편년

고구려 벽화고분 가운데 묘지명이나 묘지명에 해당하는 자세한 내용의 묵서가 남아 있는 경우는 몇 안 된다. 안악3호분은 묵서명이 무덤 주인공의 묘지명인지를 둘러싼 논쟁이 여전히 진행 중이다. 덕흥리 벽화분은 묘지명의 주인공이 망명객이었는지, 아니면 애초 고구려 출신이었는지를 두고 논란이 계속되고 있다. 모두루총은 묘지명만 있고 무덤 주인과 관련된 벽화는 그려지지 않은 경우다. 이 세 무덤 외에는 벽화의 각 제재나 장면을 설명하기 위한 짧은 묵서만 남아 있거나 아무 글 없이 벽화만 그려져 있다.

## 상대편년의 한계

고구려 벽화고분 가운데 묘지명이나 묘지명에 해당하는 자세한 내용의 묵서가 남아 있는 경우는 몇 안 된다. 안악3호분은 묵서명이 무덤 주인공의 묘지명인지를 둘러싼 논쟁이 여전히 진행 중이다. 덕흥리벽화분은 묘지명의 주인공이 망명객이었는지, 아니면 애초 고구려 출신이었는지를 두고 논란이 계속되고 있다. 모두루총은 묘지명만 있고 무덤 주인과 관련된 벽화는 그려지지 않은 경우다. 이 세 무덤 외에는 벽화의 각 제재나 장면을 설명하기 위한 짧은 묵서만 남아 있거나 아무 글 없이 벽화만 그려져 있다.[41] 더욱이 무덤 안의 벽과 천장에 벽화가 온전히 남아 있는 것은 손에 꼽을 정도에 불과하다. 발견, 조사된 벽화고분 가운데 일부는 추가 도굴로 벽화가 도려내지고 훼손되었으며,[42] 다른 일부는 벽화 위에 곰팡이가 피거나 두텁게 칼슘카보나이트층이 형성되어 덮이면서 벽화를 아예 알아볼 수 없는 상태가 되어가는 중이기도 하

다.[43]

묘지명도 없고 벽화도 온전하지 않은, 심지어 유적 자체는 파괴되고 간략한 조사보고서만 남은 경우, 벽화고분이 언제 누구에 의해 만들어지고 벽화가 어떻게 구상되고 어디서부터 그려졌으며 무덤에 묻힌 사람과 무덤 조성에 관여한 사람들이 누구인지를 알기는 극히 어렵다. 개별 유적이 최소한 언제 축조되고 제작되었는지 정도만 짐작할 수 있어도 고구려 역사와 문화는 한층 구체적인 모습으로 그려지거나 묘사될 수 있다. 언뜻 보기에 극히 제한된 정보만 남아 있는 듯 보이는 고구려 벽화고분 하나하나가 원래 있어야 할 시·공간적인 자리를 어떻게 찾아낼 것인가. 겉으로 드러난 정보 외에 도움이 되는 다른 정보는 없는가. 있다면 어디서 어떻게 찾아낼 수 있는가.

벽화고분의 시·공간적인 자리 매김을 위해서는 벽화고분의 구조와 고분벽화의 구성 사이에 상호관련성이 있는지 그리고 고분 구조와 벽화 구성이 지역과 시기에 따라 일정한 변화를 보이는지를 먼저 검토할 필요가 있다. 만일 고분 구조와 벽화 구성이 일정하게 서로 얽혀 있고 시기와 지역에 따라 유형적 변화를 보여준다면 벽화고분의 시공간적 배치는 어느 정도 가능해진다. 물론 고분의 구조 외에 사용 재료나 축조 방식의 차이도 고려해야 하고 벽화 제재의 구성 방식 외에 표현 기법이나 채색 방법, 안료 구성의 변화 등도 다뤄야 하겠지만 현실적으로 개별 벽화고분 보고서를 통해 이런 세세한 정보까지 알아내기는 어렵다.

벽화 해석을 위해 우선적으로 이루어져야 할 것이 편년, 곧 시공간적 자리 매김이다. 하지만 이는 고분과 벽화에 대한 상세한 분석과 이해가 전제되어야만 가능한, 사실상 어려운 작업이기도 하다. 해당 유적이 언제 어떤 방식으로 만들어졌는지 제대로 알지 못한 상태에서 유적에 담겨 있는 역사·문화적 사실을 얼마나 알아낼 수 있겠는가. 눈으로 보면 고분벽화에 무엇이 그려져 있는지는 알 수 있다. 그러나 그것이 그려진 시대에 그것이 지닌 의미가 무엇이며 실제 그 시대의 어떤 순간이나 장면을 그려내고 있는지, 관념 속에서 형상화되거나 상상 속의 표현으로 나타난 것인지를 판단하기는 쉽지 않다. 그 시대에는 상식에 속할 수 있는 장면이나 표현이 현재에는 이해할 수 없거나 전혀 상호 맥락을 알 수 없는 것일 수도 있는 까닭이다.

일반적으로 고고학적·미술사학적 유적·유물 가운데 상당수는 문화사적 맥락이나 문화층의 상호관계 속에서 편년이 이루어진다. 연대를 읽어낼 수 있는 기호나 문자, 특정한 요소가 없는 상태에서는 유사한 유적·유물과 비교하거나 절대적 기준치를 지니고 있는 것과 견주어 연대를 짚어내는 방식을 택할 수밖에 없다. 대다수의 고구려 벽화고분도 이런 방식을 통해 시공간적 자리 매김이 시도된다. 그럼에도 불구하고 비교 방법이나 기준 설정 방식의 차이로 인해 학자들마다 서로 다른 편년안을 내놓게 된다.[44] 주로 중국 회화의 영향을 받되 문화적 격차로 말미암아 최소 반세기, 길게는 몇 세기까지 시차時差를 보일 것이라는 시각을 바탕으로 편년을 시도했던 일본 학자들의 고구려 벽화고분 편년안과 고구려 독자의 문화사적 발전 과정을 중시하면서 중국 회화의 동향과의 시차를 거의 인정하지 않으려 한 북한 학자들의 편년안이 대표적이다. 이들 편년안 사이에 고분에 따라 심하면 1~2세기의 편차가 나는 것은 이런 까닭이다. 결국 상대적으로 많은 요소를 고려할수록 편년상의 오차가 줄어들겠지만 고고미술사적 유적·유물의 편년은 늘 어느 정도까지는 오차를 보일 가능성을 염두에 둘 수밖에 없다.

## 편년 자료 1: 역사·문화적 환경

### 지역성과 보편성

고고학적 유적·유물의 출현 시기를 측정하는 데 자주 사용되는 방사성탄소연대측정법이나 전자스핀공명연대측정법 등은 측정 연대상의 오차가 200년 이내이거나, 심지어는 수십 년 이내여야 하는 역사시대의 유적·유물에는 적용할 수가 없다. 연대 측정의 오차 폭이 크지 않아야 하는 고분벽화에 상대 편년이 불가피한 것은 이 때문이다. 고분벽화와 같은 특별한 유적이 제작된 연대를 짚어내려면 유적 출현의 배경이 되는 역사·문화적 환경과 사회관계, 유적 출현의 원인으로 작용한 관념과 인식, 유적 제작과 관련된 예술적 기법 및 과학기술상의 제반 문제에 대한 검토가 필수적이다. 사회적 배경과 역사적 맥락, 과학기술상의 제반 요소가 동시에 검토된다고 해도 미처 알려지지 않은 다양한 요소가 변수로 작용하면서 정확한 해석과 편년을 어렵게 만들 수 있다. 이런 가능성에 대해서는 마음을 열어 놓는 수밖에 없다. 고구려 고분벽화 편년 및 이해와 관련하여 먼저 염두에 두어야 하는 것이 벽화의 시·공간적 위치, 곧 벽화 출현의 역사·문화적 배경에 대한 검토다. 이를 위해서는 지역성과 보편성, 중심부와 주변부, 시대성과 통시대성, 전통성과 국제성의 관계가 고분벽화 구성과 내용에 끼치는 영향과 결과를 살펴봐야 한다.[45]

고구려 고분벽화가 집중적으로 발견되는 지역은 전기의 수도인 집안, 후기의 수도인 평양 및 남부의 중심지 안악 일대다. 고구려가 건국되기 이전부터 압록강 일대 예맥 사람들의 정치·사회적 중심으로 기능했던 집안(국내성)은 427년 수도가 평양으로 옮겨진 이후에도 고구려 제2의 도시로 번영했다. 때문에 집안과 그 주변 지역에서는 고구려 고유의 문화전통이 비교적 잘 지켜질 수 있었다. 집안 일대는 압록강 중류 유역에 발달한 좁고 긴 평야지대로, 주변이 장백산맥의 깊고 거친 산줄기로 둘러싸인 지역이다. 이런 까닭에 외부에서의 침입도 쉽지 않으나, 대동강 유역의 평양에 비하면 교통도 그리 자유롭지 못하다. 또한 경작지가 넓지 않아 인구 수용 능력도 제한된 곳이다. 이것은 집안 일대를 중심으로 고유의 문화가 성립·유지되기는 용이하나, 외부로부터 새로운 문화가 유입되어 집안 문화의 내용에 변화를 주거나 집안 문화가 외부로 확산되어 주변 지역에 영향을 주는 데는 한계가 있음을 의미한다. 요컨대 집안 일대는 지정학적 여건상 활발한 문화교류를 전제로 하는 개방적이고 다양한 문화가 성립하기는 어려운 곳이었다.

427년부터 고구려의 수도가 된 평양은 위씨조선衛氏朝鮮이 멸망한 기원전 2세기 말 낙랑군이 들어서면서 고조선의 중심에서 중국 식민 지배의 거점으로 바뀌었던 곳이다. 4세기 초 고구려의 영역으로 편입된 뒤 평양 일대는 고구려의 새로운 정치·사회·문화의 중심으로 개발된다. 평양 일대를 지배하려는 주변세력 각축의 역사에서 미루어 짐작할 수 있듯이, 평양과 그 주변 지역은 외부와의 교통이 자유롭고 인구 수용 능력이 상대적으로 큰 곳이다. 평양에서 남포에 이르는 대동강 중·하류 유역은 넓고 비옥한 강변 평야가 발달했다. 뿐만 아니라 대동강을 통해 바다로 곧바로 나갈 수 있고 강변 평야 둘레는 험준한 산으로 둘러싸여 있다. 즉 평양 일대는 집안 지역에 비해 개방적이고 국제적인 문화가 성립하기 용이한 곳이었다.[46]

재령강과 재령평야를 끼고 있는 안악 일대는 평양 지역과 유사한 인문·자연환경을 갖춘 곳이다. 이 지역은 고조선 멸망 후 중국 식민세력이 제2의 거점으로 삼았던 곳이다. 3세기 초 요동의 세력가 공손씨公孫氏가 해당 지역을 중심으로 대방군帶方郡을 설치하면서 안악은 낙랑을 대신하는 중국 세력의 새로운 거점으로 부각되었다. 이후 공손씨가 멸망하자 백제와 고구려의 각축지가 되었고, 고구려가 남진 정책을 본격화하는 와중에 고구려 땅이 되었다. 5세기 중엽 이후 안악 지역은 고구려 남부의 지역 중심이자 평양의 주변부가 되었다.

[그림 22] 무용총 벽화 여인 | 집안 지역의 5세기 생활풍속계 벽화에는 길고 갸름한 얼굴, 폭이 좁은 바지와 저고리 차림을 한 인물이 즐겨 그려진다. 인물 표현에 집안 지역에서 성립·유지되던 고구려 고유의 문화 요소가 그대로 반영되었던 것이다.

집안, 평양, 안악 지역이 지닌 이와 같은 자연 환경과 역사·문화적 경험은 세 지역으로 하여금 고구려 사회에서 각각 독특한 개성을 지닌 사회·문화의 중심이 되게 했다. 세 지역의 문화적 특성은 고분벽화에 그대로 반영되고 있다. 집안 지역의 5세기 생활풍속계 벽화에는 얼굴이 길고 갸름하며, 가랑이와 소매의 폭이 좁아 활동하기에 좋은 바지와 저고리 차림의 인물이 즐겨 그려진다(《그림 22》). 벽화의 인물들이 입은 바지와 저고리는 대부분 고구려 특유의 점무늬나 십자꽃무늬, 마름모무늬로 장식되었으며, 옷깃을 여민 방향은 주로 왼쪽이다.[47] 벽화의 인물 표현에 집안 지역에서 성립되어 유지되던 고구려 고유의 문화 요소가 그대로 반영되었음을 알 수 있다.

평양 지역의 초기 생활풍속계 벽화에는 외관상 중국의 한족으로 여겨지는 인물이 다수 등장한다. 벽화의 인물들은 대개의 경우 넓고 둥글며 살진 얼굴을 지녔으며, 길게 늘어진 통옷 차림이다. 옷깃 여밈은 중국계의 특징인 오른여밈이 대부분이며 일부 맞여밈도 있다.[48] 그러나 이러한 인물 표현은 중기 생활풍속계 벽화에서 후퇴하기 시작한다. 후기 생활풍속계 벽화에는 얼굴과 복장으로 볼 때 전형적인 고구려 사람이라고 할 수밖에 없는 인물들이 그려진다. 벽화의 인물 표현에서도 평양 지역이 겪는 역사, 평양을 중심으로 성립한 문화가 펼쳐져 나가는 과정이 잘 드러난다고 하겠다.[49]

안악 지역에서는 초기와 중기의 생활풍속계 고분벽화가 주로 발견된다. 초기 고분벽화에는 평양 지역의 경우와 같이 얼굴과 복장에서 중국계로 보이는 인물들이 자주 등장한다(〈그림 23〉). 중기 벽화에 이르면 등장인물들의 얼굴이 길고 갸름해지기 시작한다. 그러나 통옷 중심의 복장은 크게 바뀌지 않는다. 314년 고구려가 대방군을 통합한 이후에도 중국계 유이민이나 망명자가 계속 흘러드는 한편 고구려의 정치·사회적 지배력은 지속적으로 강화되어가던 안악 지역의 사정이 고분벽화의 인물표현에도 반영되었다고 하겠다.

이처럼 세 지역은 인물 표현 방식에서 서로 차이를 보인다. 하지만 생활풍속이라는 주제를 공유하는 데서 미루어 짐작할 수 있듯이 고분벽화에는 지역성에 구애받지 않는 제재나 표현도 담긴다. 고분벽화가 시기와 대상에 제한받지 않는 보편적 현실인식과 내

[그림 23] 안악3호분 벽화 시녀 | 평양 및 안악 지역의 초기 생활풍속계 벽화에는 넓고 둥글며 살진 얼굴, 길게 늘어진 통옷 차림을 한, 외관상 중국의 한족으로 보이는 인물이 다수 등장한다. 그러나 이러한 인물 표현은 중기 생활풍속계 벽화에서 후퇴하기 시작한다.

세관을 바탕으로 그려지기 때문일 것이다.

## 중심부와 주변부

전근대 사회에서 중심부와 주변부의 관계는 오늘날보다 심한 불균형성을 보인다. 일반적으로 중심부의 사회와 문화는 주변부에 비해 고도로 조직화되고 분화되며 다듬어지는 경향이 있다. 한 발 앞서 발전하고 쇠퇴하며, 다시 새로운 단계로 나아가고는 한다. 주변부는 중심부의 변화를 제 때 따라가지 못할 뿐 아니라, 오히려 중심부에서는 이미 쇠퇴하거나 소멸한 것을 그대로 유지하거나 나름의 방식으로 발전시키기도 한다. 주의할 것은 상대적으로 넓은 영역이나 문화권을 단위로 혹은 비록 좁은 범위에서일지라도 일정한 시기를 단위로 중심부와 주변부의 관계를 살펴볼 경우, 양자의 관계가 고정적이고 일방적으로만 전개되지는 않는다는 사실이다. 한 지역의 위치와 역할도 비교를 위한 영역이 어떻게 설정되는가에 따라 이중성을 띨 수 있고, 제한된 영역의 두 지역 사이의 관계 역시 시기에 따라 역전되기도 하기 때문이다.

좁게는 집안, 평양, 안악 등 벽화고분이 집중적으로 분포한 문화 중심 지역 사이에, 넓게는 중국과 고구려, 신라와 같은 국가 간의 문화교섭 양상에서 이러한 관계의 성립과 변화 과정을 살펴볼 수 있다. 먼저 지역 문화의 흐름이라는 차원에서 살펴보자. 5세기 집안 지역의 생활풍속계 고분벽화는 제재 선택과 벽화 구성에서 요동 및 평양 지역의 영향을 감지하게 한다. 하지만 6세기 사신계 고분벽화에서는 집안 지역이 평양 지역의 영향을 받았는지 여부를 확인하기 쉽지 않다.

집안 지역 생활풍속계 고분벽화인 각저총 벽화의 거대한 나무, 씨름, 우차와 시종, 무덤 주인 부부의 초상, 무용총 벽화의 무용, 사냥, 상차리기, 선인 등의 제재 및 조형상의 기원은 산동에서 요동으로 이어지는 중국 한~위·진시대 장의미술과 5세기 이전부터 제작되는 평양 지역 생활풍속계 고분벽화의 전통에서 찾을 수 있다.[50] 그러나 사신계 고분벽화인 오회분4호묘와 오회분5호묘 벽화의 각종 신인神人과 사신의 배경을 이루는 사방연속무늬, 무늬 내부의 장식무늬는 같은 시기에 제작된 평양 지역 고분벽화에서는 확인되지 않는 존재이자 표현이다. 고구려 고분벽화의 일반적인 전개 과정만으로 볼 때, 집안 지역은 5세기에는 평양 및 요동 지역의 주변부였으나 6세기에 들어서면서 평양 지역과는 별개의 독자적인 구성과 기법을 지닌 지역이 되었음을 알 수 있다.

안악 지역에서 발견된 이른 시기의 벽화고분인 안악3호분 벽화는 제재의 구성과 묘사력에서 같은 시기 요동 및 평양 지역의 벽화에 비해 뛰어난 유적이다. 벽화고분의 축조 방식 및 규모도 다른 지역에 비해 결코 뒤지지 않는다. 안악 일대에는 5세기에도 비교적 높은 묘사력에 바탕을 둔 고분벽화가 제작되나, 벽화고분의 규모는 오히려 작아진다. 6세기에 들어서면 고분벽화의 제작 사례가 거의 찾아지지 않는다. 적어도 4세기까지는 상대적 독자성을 유지했던 안악 지역이 고구려가 평양으로 천도하는 427년 전후한 시기 이후에는 평양의 주변부로 자리 매김되면서 문화 중심으로서의 위치까지 잃는 결과로 해석된다.[51]

국가 간의 문화교류 과정에도 중심부와 주변부 관계의 성립 및 변화 과정을 읽어낼 수 있다. 화상석, 화상전, 고분벽화, 백화 등은 중국에서 발전하고 분화한 장의미술의 여러 장르 가운데 일부다. 이 가운데 고분벽화는 요동과 평양을 중개지로 삼아 고구려에 전래되어 받아들여지며, 고구려는 이를 동방 장의미술의 새롭고도 주요한 분야로 발전시킨다. 고구려는 3세기 이래 지속적인 수용, 소화, 재창조 과정을 거쳐 6세기에는 사신을 단일주제로 하는 순수한 사신도 고분벽화를 성립시키는 데 성공한다.[52]

6세기경 고구려 고분벽화의 구성과 표현 기법은 장의미술이라는 특수한 분야에서뿐 아니라 회화 전반에서도 주변의 어느 지역보다 높은 수준에 이른다. 이것은 고분벽화 분야에서는 고구려가 더 이상 주변부가 아닌 새로운 중심부의 하나로 부상했음을 뜻한다. 한편 삼국시대 신라에서는 고분벽화가 거의 제작되지 않는다. 현재까지 신라 지역에서 발견된 벽화고분은 고구려와의 국경 지대이던 영주 순흥의 2기뿐이다. 더욱이 순흥의 두 벽화고분은 벽화 내용과 구성에서 고구려의 영향을 받았음을 뚜렷이 드러낸다(《그림 24》).[53] 고분벽화라는 장르에서 신라는 주변부로 남아 있었던 것이다. 신라의 입장에서 고분벽화는 변경에 전래되어 성립한

[그림 24] 순흥 읍내리벽화분 벽화 역사 | 삼국시대 신라에서는 고분벽화가 거의 제작되지 않는다. 현재까지 신라 지역에서 발견된 2기의 벽화고분도 벽화 내용과 구성에서 고구려의 영향을 받았음을 뚜렷이 드러낸다. 고분벽화에서 신라는 주변부일 뿐이었다.

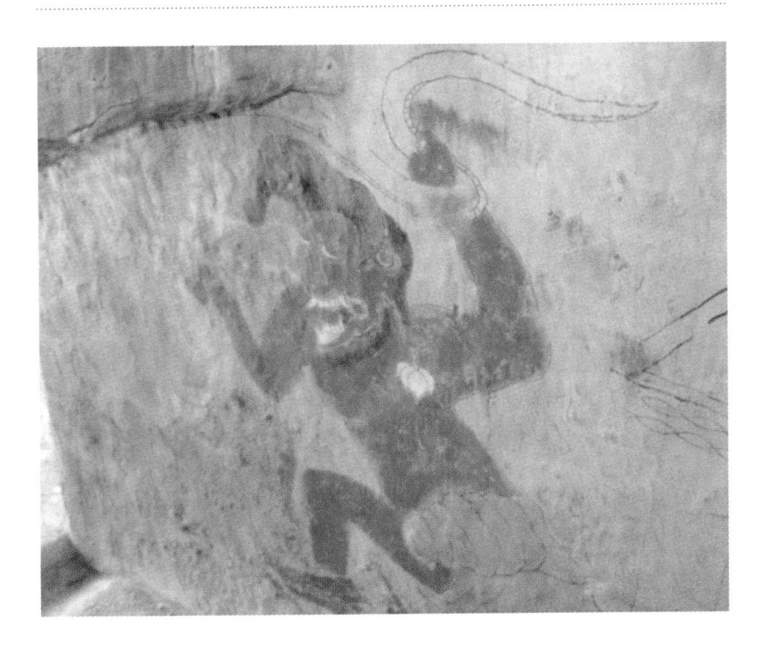

문화 현상일 뿐 수도 경주를 중심으로 성립한 중심부의 문화는 아니었다.

## 시대성과 통시대성

고분벽화의 역사·문화적 환경과 관련하여 또 하나 주목할 요소는 시대성과 통시대성이다. 벽화의 주제나 제재 구성, 표현 기법이 시대에 따라 변화를 보이는지, 변화할 경우 변화의 내용과 정도는 어떠하며 그 원인은 무엇인지 등에 대한 규명이 전제되어야 편년

작업에서 주요한 참고 자료로 활용할 수 있다. 이를 위한 작업은 벽화 연구를 통한 역사 복원 과정이기도 하다. 우선적으로 검토할 부분은 벽화 속 개별 제재가 특정한 시기에 제한적으로 나타나는지, 아니면 통시대적으로 등장하는지다. 벽화 제재의 시대성 여부를 파악하지 못한 상태에서 특정 시기 고분벽화와 당대의 사회적 흐름이 어떤 관계에 있는지를 가늠하기는 어렵다. 벽화 중 특정한 제재가 시기에 관계없이 출현하고 있다면, 벽화 표현과 관련된 좀 더 본질적 요소인 관념과 인식상의 문제 때문일 것이다. 그러나 특정한 제재가 시기에 따라 나타나기도 하고 그렇지 않기도 하다면, 이는 시대에 따른 기호 또는 양식상의 문제일 수 있다. 구체적 사례를 들어보자.

고구려 고분벽화에서 해와 달은 지역과 시기에 관계없이 표현되는 보편적이고 통시대적인 제재다. 그러나 해와 달을 나타내는 방식은 시기와 지역에 따라 차이가 있다.[54] 고분벽화에서 일반적으로 해는 둥근 원 안에 세발까마귀를, 달은 원 안에 두꺼비와 옥토끼, 계수나무 등을 그려 나타낸다(《그림 25》). 세발까마귀, 두꺼비와 옥토끼, 계수나무는 다양한 양식으로 그려진다. 달을 나타내는 상징물의 조합 방식도 여러 가지다. 상징물이 표현된 해와 달의 조합 방식도 시기와 지역에 따라 다르다. 특히 달을 나타내는 원 안에 두꺼비와 옥토끼, 계수나무를 모두 그린 사례는 극히 드물다. 이런 사례는 평양 지역의 후기 사신계 고분벽화인 진파리1호분 벽화에서만 볼 수 있다. 해와 달이 해의 신, 달의 신과 함께

[그림 25] 쌍영총 벽화 해와 달 | 고구려 고분벽화에서 해와 달은 지역 · 시기와 상관없이 표현되는 보편적이고 통시대적인 제재다. 일반적으로 고분벽화에서 해는 둥근 원 안에 세 발까마귀를, 달은 원 안에 두꺼비와 옥토끼와 계수나무 등을 그려 나타낸다.

표현되는 경우는 집안 지역의 후기 사신계 고분벽화인 통구사신총, 오회분4호묘, 오회분5호묘 벽화에서만 볼 수 있다. 해와 달의 표현 방식에서 평양 지역과 집안 지역 사이에 상당한 차이가 있음을 알 수 있다.

이러한 현상이 나타난 원인은 어디에 있을까. 결국 관념과 양식 모두에서 찾아야 할 것이다. 당대의 사회적 흐름도 함께 검토되면 더 좋을 듯하다. 벽화고분에 묻힌 사람이나 그 가족, 후손들이 달의 상징요소에 대해 기존의 통념과는 다른 관념을 지니고 있었거나, 특정 지역에서는 해의 신과 달의 신에 대해 다른 지역과는 구별되는 관념을 지녔을 가능성이 고려되어야 할 것이다. 또한 두 지역 모두에서 통념이 되었지만 표현 양식이 뒤따르지 못한 상태에서 통념에 충실하되 새롭게 표현했을 가능성도 염두에 둘 수 있다. 사회적 배경으로서 두 지역에서 독자적으로 문화가 펼쳐졌을 가능성도 고려될 수 있다.

고구려 고분벽화에서는 연꽃도 통시대적 제재에 속한다. 미술 제재로서 연꽃은 불교의 여래 혹은 정토의 상징으로 이해되는 것이 일반적이지만, 때에 따라서는 천제天帝를 나타내는 용도로 쓰이기도 한다. 연꽃은 고구려가 공식적으로 불교를 수용하기 이전부터 고분벽화 속에 나타난다. 그러나 고분벽화에 연꽃이 본격적으로 등장하기 시작하는 때는 5세기다. 5세기 후반까지 연꽃은 환인·집안과 평양·안악 지역 고분벽화에서 서로 다른 양식으로 표현된다. 고분벽화에서 벽화 제재로서 연꽃의 비중이 점차 높아지는 점에서는 남북의 지역 사이에 별 차이가 없다.[55]

고구려에서 연꽃 장식은 5세기 중엽을 전후한 시기에는 고분벽화의 독립적인 주제로 선택될 정도로 선호된다. 하지만 연꽃장식 고분벽화로 불릴 수 있는 벽화고분들은 주로 집안 지역에서 발견된다. 6세기에 이르면 연꽃을 주제로 한 고분벽화는 세 지역 모두에서 거의 제작되지 않는다. 연꽃 표현은 화려해지고 세련되어지지만 오히려 벽화 안에서의 비중은 현저히 낮아진다. 6세기에 유행하는 사신을 주제로 한 고분벽화에서 연꽃은 다시금 주요한 배경무늬의 하나로 자리 매김된다.[56]

고분벽화 전개 과정에서 연꽃이라는 제재가 보여주는 비중상의 변화는 기본적으로 고구려가 겪는 사회적 변화와 깊은 관련이 있다. 고구려에서의 불교신앙의 수용과 확산, 심화와 쇠퇴, 이와 맞물리는 불교적 내세관의 수용, 정립 및 후퇴라는 시대적 흐름과 일정한 관련을 맺고 있다고 봐야 한다.[57] 불교신앙의 지역별 전개 과정에 편차가 있고, 이것이 고분벽화에서 연꽃이라는 제재의 비중이 달라지도록 영향을 끼쳤을 가능성도 고려되어야 할 것이다. 이와 함께 집안, 평양, 안악 지역이 발전시켜 온 상이한 문화적 전통에 의해 연꽃 표현의 양식적 변화가 이루어졌을 가능성도 검토될 필요가 있다.

## 전통성과 국제성

전통성과 국제성도 지역성이나 시대성 등의 문제와 함께 고려되어야 할 중요한 편년 요소다. 고분벽화의 개별 제재와 구성 방식이 어느 정도 고유의 문화와 관념에 기반을 두고 있는지, 개별 제재 가운데 외래문화와 관념에서 유래한 것이 있는지, 벽화 속 특정한 외래문화 요소가 고구려화하는 방식과 결과는 어떠한지가 유의되어야 한다. 아울러 고구려와 이웃한 사회와의 문화교류가 벽화 내용과 표현 기법에 얼마나 어떻게 반영되는지도 관심의 대상이 되어야 한다. 실제 벽화 가운데 특정한 제재가 지니는 문화

교섭상의 위치와 의미, 특히 미술 양식의 교류 과정에서 일어날 수 있는 변화는 지나쳐버리기 쉽기 때문이다.

벽화 제재라는 형태로 모습을 드러내는 개별 문화 요소의 성격은 한층 미묘하고 세부적인 개념과 절차의 보완을 거치면서 검토되어야 한다. 개별 문화 요소의 기원과 전래, 변형과 복합 과정이 매우 복잡하며, 진행 속도 또한 시기와 지역에 따라 상이하게 나타나는 까닭이다. 개별 문화 요소의 기원이 일원적인지, 다원적인지는 해당 학문 분야에서도 논란 중일 수 있다. 또한 문화 요소의 전파와 변형이 어떤 지역을 거치면서 몇 차례에 걸쳐 이루어졌는지, 그 경로는 몇 갈래이며 기간은 어느 정도 소요되었는지는 아예 판명이 어려울 수도 있다. 때문에 개별 문화 요소를 검토할 때에는 사전에 관련 학문 분야의 기존 연구 성과를 섭렵하고 적절히 수용하는 것이 바람직하다.

고구려 고분벽화의 제재들에는 비교적 다양한 문화 요소가 포함되어 있다. 문화 요소별 고구려화의 정도도 시기와 지역에 따라 다르다. 벽화 자료의 해석 과정에서 염두에 두어야 할 부분이다. 예를 들면 가장 이른 시기 작품 가운데 하나인 안악3호분(357년 제작) 벽화의 등장인물들은 중국 한~위·진시대 인물화의 특징적 요소들을 거의 그대로 지니고 있다. 그러나 안악3호분보다 반세기 뒤에 등장하는 덕흥리벽화분(408년 제작)의 벽화에는 중국 인물화와는 다른 기법으로 그려진 인물들이 등장한다. 안악3호분 벽화 행렬도는 인물의 얼굴과 몸체를 겹쳐 표현함으로써 공간적 깊이

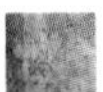
[그림 26] 안악3호분 벽화 대행렬도 부분 | 고구려 고분벽화의 제재들에는 다양한 문화 요소가 녹아 있다. 고구려화의 정도도 시기와 지역에 따라 다르다. 안악3호분 벽화 행렬도는 인물의 얼굴과 몸을 겹쳐 표현함으로써 공간적 깊이를 드러냈다.

를 드러냈다(《그림 26》). 반면 덕흥리벽화분의 벽화에서는 인물들이 전혀 겹치지 않도록 묘사되어 공간감을 거의 느낄 수 없다(《그림 27》).[58] 반세기 사이에 둥글고 부드러우며 동감 넘치는 세련된 필선은 어느덧 자취를 감추고 뻣뻣하면서 날카롭고 정적이며 심지어 거친 느낌마저 주는 필선이 그 자리를 대신하고 있다. 두 고분벽화의 비교에서 확인되는 이와 같은 변화는 회화 기법으로 볼 때는 양식과 기법상의 후퇴에 해당한다. 그러나 다른 측면에서 보면 새롭고 독자적인 회화 양식을 성립시키려는 모색의 과정이자 결과다.[59] 이런 변화는 5세기로 들어서면서 평양 및 안악 지역이 중국 문화의 직접적 영향에서 벗어나고 있음을 짐작케 한다. 사회

[그림 27] 덕흥리벽화분 벽화 행렬도 부분 | 인물의 얼굴과 몸을 겹쳐 표현함으로써 공간적 깊이를 드러낸 안악3호분과 달리 반세기 뒤의 작품인 덕흥리벽화분에서는 인물들이 거의 겹치지 않도록 묘사되어 공간감을 느끼기 어렵다.

적 변화가 문화 요소의 변형과 일정한 함수관계를 맺고 있음을 보여주는 좋은 사례라고 하겠다.

집안 지역의 5세기 고분벽화에는 코가 높고 눈이 큰 코카서스계 인물들과 난쟁이 역사, 감로수를 연상시키는 나무 등 중앙아시아 및 인도·이란계 문화 요소가 빈번히 등장한다. 이들 문화 요소 가운데 '우주를 떠받치는 역사' 같은 제재는 기원전 2세기의 중국의 호남 장사 마왕퇴1호한묘에서 출토된 백화에서도 찾아볼 수 있다. 백화 속의 역사는 중국 한족의 얼굴을 하고 있다. 이와 달리 5세기 고구려 고분벽화의 역사는 코카서스계 인물의 얼굴을 지니고 있다. 이로 보아 고구려 고분벽화의 역사는 불교 공인 이래 스

텝 지대와 북중국을 거치는 여러 갈래의 동서교통로를 통해 광범위하게 동방으로 유입되던 불교문화, 그 가운데에서도 서아시아계 문화 요소의 하나로 봐야 할 것이다.[60] '우주역사' 라는 동일한 관념의 표현이라도 문화 요소로 전파될 때에는 해당 사회가 이를 받아들일 여건을 갖추었는지, 받아들이려고 했는지 여부와 깊이 관련되어 있음을 보여주는 사례라고 하겠다.

5세기 평양 지역 벽화고분의 하나인 감신총 벽화에는 중국 한대 장의미술의 가장 중요한 제재 가운데 하나인 서왕모가 등장한다(《그림 28》). 서왕모는 한~위·진시대 중국에서 크게 유행한 승선적 내세관과 관련이 깊은 존재다.[61] 이런 점을 감안하면서 감신총 벽화 제재들을 살펴볼 경우, 서왕모와 몇몇 제재들은 중국에서 낙랑 사회로 전해진 관념과 표현으로 판단된다(《그림 29》). 반면, 벽화에 등장하는 정좌인물, 시자, 무인 등은 고구려 나름의 이해와 채택, 표현의 결과로 해석된다.[62] 결국 감신총 벽화는 낙랑 사회에 유행하던 내세관의 한 줄기가 고구려 문화의 일부로 수용, 소화되는 과정에서 개별 제재들이 어떻게 받아들여지고 재조합되는지를 잘 보여준다.

6세기 고구려 고분벽화 중에는 빠르게 흐르는 구름과 바람에 휘날리는 화려한 인동연꽃으로 가득한 허공을 배경으로 한 사신이 그려진 것이 많다. '빠른 흐름' 으로 정리될 수 있는 이러한 배경 묘사는 비슷한 시기 중국 남조에서 시작되어 동아시아 각 지역에 전해진 회화상의 양식이자 기법이다.[63] 빠른 흐름은 백제의 능산

[그림 28] 감신총 벽화 서왕모 | 5세기 평양 지역 벽화고분의 하나인 감신총 벽화에는 중국 한대 장의미술의 가장 중요한 제재 가운데 하나인 서왕모가 등장한다. 이 서왕모는 중국에서 낙랑 사회로 전해진 관념과 표현으로 보인다.

[그림 29] 감숙성 주천정가갑5호묘 벽화 서왕모 | 주천정가갑5호묘는 1600여 년 전 위 · 진 시대에 만들어진 벽화무덤이다. 이 고분의 벽 한 켠을 장식하고 있는 서왕모는 당시 중국에서 크게 유행한 승선적 내세관과 관련이 깊은 존재다.

리벽화분 널방 천장 벽화에도 보인다. 남조나 백제 그림에 비해 고구려 고분벽화의 표현은 긴장감과 운동감이 더하다. 고구려가 동아시아에서 유행하던 회화상의 새로운 흐름을 받아들이면서도 나름의 방식으로 이를 소화하고 재창조하는 과정에 있었음을 알게 하는 좋은 사례다. 실제 평양 지역의 6세기 고분인 진파리1호분과 진파리4호분 널방 벽과 천장고임 벽화에 보이던 이와 같은 표현 양식은 좀 더 늦은 시기의 작품인 강서대묘 및 강서중묘 널방 천장고임 벽화에서는 그 자취만 일부 남기고 사라진다. 동아시아 문화권에서 널리 받아들여졌던 빠른 흐름 중심의 배경 표현 양식이 고구려에도 일시적으로 수용되지만, 정착되는 데까지 이르지는 않았음을 시사하는 경우다.

집안 지역의 6세기 고분벽화 가운데 하나인 오회분4호묘 널방 벽화에는 신선형 인물들이 등장한다. 이들은 하나같이 5~6세기 중국 북조 관인官人을 연상시키는 옷차림을 하고 있다. 통구사신총과 오회분4호묘, 오회분5호묘 널방 천장고임 벽화에는 중국 기원의 농업신인 소머리·사람 몸의 신농神農, 창조신이자 해의 신, 달의 신으로서 상체는 사람, 하체는 용인 복희伏羲와 여왜女媧 등을 발견할 수 있다. 양식과 기법으로 볼 때, 복희와 여왜는 상당히 고구려화된 모습으로 그려졌다.[64] 이 두 가지 사실은 후기 집안 문화가 중국의 북조 문화와 상당히 밀도 있는 교섭을 유지하면서 외래문화 요소의 자기화 또한 게을리하지 않았음을 알게 한다. 국제성과 전통성의 함수관계를 매우 잘 보여주는 또 하나의 좋은 사례라고 하겠다.

# 편년 자료 2: 인식과 표현의 거리

## 장례의식의 일부인 장의미술

고분벽화의 해석 및 편년에 참조할 또 하나의 측면은 인식과 표현의 문제다. 고분벽화가 장의미술의 한 장르라는 사실, 고분벽화로 그려진 세계는 현실인식과 내세관이 얽힌 세상이라는 점, 고분벽화가 계급, 신분, 지위의 구속을 받기도 하고 그렇지 않기도 한 측면이 뒤섞여 있다는 점까지 고려하되 기본적으로는 인식과 표현 사이에 거리가 있을 수 있다는 사실을 늘 염두에 두어야 한다.

먼저 장의미술이라는 사실이 고분벽화의 구성과 제작에 어떤 영향을 미치는지를 검토해보자. 무덤 안에 벽화를 그리는 작업은 길고 복잡한 장례의식의 일부다. 장례의식은 산 자와 죽은 자가 헤어지는 과정이자 산 자와 죽은 자의 세계 사이의 경계에서 이루어지는 단절과 유대의 표현이다. 장례의식 중에는 서로 다른 두 세계를 잇고자 하는 의지를 바탕으로 죽은 자가 과거에 살았던 세계와 앞으로 살아야 할 세계의 모습이 노래와 춤, 각종 놀이와 장식 등의 예술 행위를 통해 집중적으로 표현된다. 이 장의예술 행위에서 그 흔적이 가장 오래 남는 것이 바로 장의미술 작품이다. 장의미술 작품은 장의 과정 중 요구되는 각종 장식 행위를 통해 만들어지는데, 고분벽화도 그 가운데 하나다.

일반적으로 장의미술의 주제는 죽은 자의 생전의 삶과 사후의 삶이다. 그러나 생전의 삶을 주제로 하는 경우에도 삶이 있는 그대로 표현되지는 않는다. 사후의 삶에 대해서도 마찬가지다. 두 삶을 그림으로 나타낼 때 그 전제가 아쉬움과 바람인 까닭이다. 장의미술에서는 생전의 가장 기억할 만한 삶, 실현되기를 기대하던 삶, 죽은 자가 가는 세상에서 재현되기를 바라는 삶, 새로운 세계에서 성취되거나 실현되기를 바라는 삶의 모습이 가장 주요한 주제다. 결국 장의미술에는 작품 제작 당시의 사회와 죽은 자의 의식 속에 담겨 있던 내세가 때로는 생생하게, 때로는 각색된 채, 현재성과 초월성이 교묘하게 교직된 모습으로 그려지게 된다.

또한 장의미술에는 미술 행위 본래의 두 가지 의미가 모두 담겨 있다. 바로 주술성과 심미성이다. 미술 행위가 아름다움을 그려내려는 의식뿐만 아니라 감응주술의 한 방편으로도 시작되었음은 널리 알려진 사실이다. 구석기시대 말부터 시작된 회화 활동에서 주된 표현 제재가 사냥 대상인 짐승이나 물고기, 사냥 내지 고기잡이하는 모습, 이를 위한 제사 행위로 제한되었던 것은 공통적으로 나타나는 현상이다. 선사시대 사람들이 암벽이나 동굴 벽과 천장에 짐승이나 물고기, 사냥 장면 등을 그리면서 그림이 반드시 현실이 되기를 기원하고 또 그렇게 될 것으로 믿었음은 회화 작품의 높은 예술성을 통해서도 충분히 감지된다.

고분벽화 역시 주술성을 짙게 담고 있는, 제작 당시의 현재성과 초월성이 중첩된 회화 작품이다. 고분벽화에는 그 무덤에 묻힌 자가 살던 세계, 살고 싶어 하던 세계가 때로는 함께, 때로는 어느 하나만 선택적으로 그려진다. 두 세계는 생생하게 사실적으로 그려질 수도 있고, 철저하게 상징화되거나 기호화되어 그려질 수도 있다. 장례의식 자체가 이승과 저승으로 구분되는 서로 다른 두 세계에 대한 인식을 드러내는 표현이자 두 세계를 매개하는 과정으로 인식되었음을 고려할 때, 고분벽화에는 장례의식 자체가 담겨질 수도 있다. 고분벽화의 각 화면에 당대인의 인식과 표현, 의례와 관념, 현실과 희망이 동시에 그려질 수 있는 것이다.

고구려와 접촉이 잦았고 일부 부족이 고구려의 지배를 받기도 했던 오환·선비는 개나 말을 영혼 인도 동물로 여겨 장례의식에 사용했다. 고구려의 생활풍속계 고분벽화에서 자주 발견되는 커다란 개, 장천1호분 벽화의 커다란 흰 말과 개마총의 개마鎧馬도 영혼 인도 동물일 가능성이 높다(〈그림 30〉).[65] 근대까지 북아시아의 고아시아족은 개와 말을 영혼 인도 동물로 여겼으며 그에 따라 샤먼은 개와 말을 영혼의 길잡이로 삼는 의식을 치렀다.[66] 행렬도와 사냥도, 연회도 등은 죽은 자가 생전에 누렸거나 실현을 기대

[그림 30] 장천1호분 벽화 흰 말 | 고분벽화는 주술성을 짙게 담고 있는 회화 작품이다. 오환 · 선비는 개나 말을 영혼 인도 동물로 여겨 장례의식에 사용했다. 장천1호분 벽화의 커다란 흰 말도 영혼 인도 동물일 가능성이 높다.

하던 삶의 모습으로 내세의 삶에서 재현되거나 실현되기를 바라면서 그려진 것으로 해석된다. 생활풍속계 및 장식무늬계 벽화고분의 무덤칸 전체 혹은 일부를 장식한 연꽃은 불교의 정토세계나 여래 혹은 천제를 상징하는 무늬로 이해되고 있다. 또한 고분벽화 속 씨름과 수박희, 가무 장면 등은 실제로 장례의식의 일부였을 것으로 이해되기도 한다.[67] 6세기 이후 일정기간 동안 고구려와 백제계 이주민의 영향 아래에 있던 일본의 궁중과 귀족 사회에서는 씨름이 장례의식 가운데 하나의 행사로 치러지기도 했다.[68]

## 의례와 관념, 현실인식과 내세관

인식과 표현, 의례와 관념 사이에는 거리가 있을 수 있다. 고분벽화를 보는 이들은 인식의 정도와 표현의 정확도 사이에 어느 정도 상관관계가 있는지, 있다면 어느 정도인지, 시대에 따라, 사회나 지역에 따라 그 정도가 변화하는지, 그렇지 않은지 등도 염두에 두면서 해석을 시도할 필요가 있다. 나아가 인식 자체의 객관성과 주관성은 어느 정도이며, 이것이 표현에 미치는 영향은 어떠한지, 표현이 인식에 영향을 주는 경우는 없을지도 유의하면서 봐야 한다. 인식과 표현의 주관성과 객관성에 영향을 주는 것이 있다면 어떠한 것이 있으며, 그 정도는 어떠할지 등도 염두에 두며 이해를 시도하는 것이 바람직하다. 좀 더 구체적인 문제들, 예를 들어 신분·계급적 시각이나 계층적 입장 혹은 지역성이나 보수적 입장, 진보적 시각에 따른 왜곡과 편향에 의한 영향은 없는지, 있다면 그 영향의 정도는 어떠한지도 함께 고려하는 것이 좋다.

인식과 표현 사이에 발생할 수 있는 제반 문제와 관련하여 의례와 관념의 상관관계에 대해서도 유의할 필요가 있다. 의례와 관념 사이의 미묘하고 복잡한 상호 영향관계는 다시 인식과 표현의 상관관계로 치환되기 쉬운 까닭이다. 의례는 개인과 집단, 집단과 집단 사이의 관계를 과거와 현재, 현실과 우주, 현세와 내세 사이의 연속적이고 영속적인 관계로 틀지어 놓는 가장 효과적이고 정형화된 방법이다. 의례의 형성과 발전에는 현실 사회의 질서와 구조를 합리화하고 정당화하려는 의지가 작용한다. 현실은 현재를 과거로부터 유추하고, 우주적 차원에서 조망하며, 내세로 확장함으로써 합리화되고 정당화된다. 유추와 조망과 확장의 과정을 거친 현실관은 의례로 재현되고 과시된다. 의례는 다시 현실을 보는 눈의 방향과 범주를 규정하고 조절함으로써 관념의 변화를 가져온다. 이 의례와 관념의 복합적 관계가 어느 때인가 죽은 자의 눈과 화가의 손끝을 거쳐 고분벽화라는 장의미술의 한 형태로 무덤칸 안에 박제된다면 고분벽화를 통해 그 과정을 역으로 밟아갈 수도 있을 것이다.

인식과 표현, 의례와 관념 사이의 거리가 벽화 내용과 구성에 영향을 끼칠 수 있다면 개인 혹은 집단의 현실인식과 내세관 사이에 성립하는 관계는 고분벽화에 어떤 식으로 반영될까. 고분벽화의 주제와 내용은 당대인들의 현실인식과 내세관에 따라 변화한다.[69] 고분벽화의 제작을 의뢰한 사람들이 현실을 어떠한 세계로 인식했는지, 내세를 어떠한 세계로 상정하는지에 따라 벽화의 주제는 변화할 수 있으며, 구성 내용 및 표현 제재 간의 비중은 달라질 수 있다. 또 현세와 내세의 관계를 어떻게 이해하고 있는지, 내세를 현세와 동일한 사회질서와 인간관계가 적용되는 곳으로 보는지 그렇지 않은지에 따라 벽화 내용의 구상화와 기호화의 정도는 달라진다. 현세와 내세를 거주자의 삶의 상태와 터만 달라질 뿐 내용상 구별되지 않는 두 개의 세계로 인식할 경우, 두 세계는 중첩된 형태로, 매우 생생하고 현실적이고 구상화된 상태로 그려질 것이다. 반면 현세와 내세를 구별하고, 내세를 삶의 터를 포함한 모든 것이 바뀔 수 있는 곳으로 볼 경우, 두 세계는 서로 다른 방식으로, 특히 내세는 비현실적이고 기호화된 모습으로 묘사될 수 있다.[70] 이러한 시각을 바탕으로 고분벽화를 볼 때, 고분벽화는 좀 더 합리적으로 실체에 가깝게 이해될 수 있을 것이다.

고구려 고분벽화의 주제가 시대의 흐름에 따라 생활풍속계와 사신계 중심에서 생활풍속계, 사신계, 장식무늬계의 혼재 및 공존 상태를 거쳐 사신계 중심으로 바뀌는 것은 각 시기를 풍미하던 내세관에 변화가 있었음을 시사한다.[71] 5세기 초까지도 벽화 주제로 두드러졌던 생활풍속이 쇠퇴하고 5세기 중엽 연꽃중심 장식무늬가 유행하는 상황은 고구려의 전통적인 계세적 내세관이 후퇴하고 이를 대체하는 불교적 내세관이 널리 받아들여지게 되었음을 뜻한다.[72] 현세와 내세를 동일시하는 계세적繼世的 내세관 위에 그려지는 생활풍속계 고분벽화에서 무덤 주인은 말을 타고 개의 인도를 받으며 조상신의 세계로 삶의 터를 옮긴다. 반면 불교적 내세관이 바탕에 깔린 생활풍속 및 장식무늬계 벽화에서 무덤 주인은 생전에 쌓은 선한 공덕에 의지하여 연꽃 속에서 새롭게 태어나 정토세계의 일원이 된다.

## 계급성과 탈계급성

고분벽화에 반영된 계급성과 탈계급성도 주의를 기울여야 하는 속성이다. 현실 사회에서 통용되고 관철되는 신분 및 계급관계와 이에 대한 인식이 고분벽화의 구성과 표현에 영향을 끼치기 때문이다. 역으로 벽화의 내용과 제재의 표현 방식을 통해 당대의 계급관계의 실체에 접근할 수도 있다. 고분벽화의 주제, 제작 시기 및 지역에 따라 계급관계는 엄격하고 충실하게 반영될 수도 있고, 완화되고 상징화된 방식으로 표현될 수도 있다. 계급관계는 무덤 축조와 벽화 제작 과정에도 영향을 주므로 이에 대한 고려도 함께 있어야 할 것이다. 고분군에서의 무덤의 위치, 무덤의 규모와 짜임새, 부장 유물, 벽화 제작 화가집단의 선정, 벽화의 규모와 표현 수준 등이 무덤 주인과 그 일족의 계급적 위치와 무관할 수는 없기 때문이다.

고구려 고분벽화의 경우 계급적 표현은 집안 지역 생활풍속계 고분벽화에서 한층 뚜렷하게 나타난다. 같은 생활풍속계 고분벽화에서도 5세기 전반의 벽화에서는 신분·계급차에 따른 인물 간의 위계적 표현이 엄격한 반면, 5세기 후반의 벽화에서는 그리 엄격하지 않다.[73] 373년(소수림왕 2) 율령 반포 이래 율령 질서가 정착되고 새로운 신분관이 정립되며, 391년(고국양왕 9) 왕명으로 불교신앙이 장려되고 국사國社와 종묘가 수리되어 왕실 제사가 재정립되는 등 정치·사회적 질서와 이념에 변화가 오자 사회적 흐름도 달라지면서 벽화의 인물 표현에 변화가 초래되었다고 할 수 있다.

생활풍속계 벽화에서 위계적 표현은 지역에 관계없이 무덤 주인이 중심이 된 화면에서 좀 더 강조되는 경향이 있다. 무덤 주인의 신분·계급적 위치를 강조하려는 의도와 죽음의 세계로 삶의 터를 옮김으로써 무덤 주인 자신도 생전에 자신과 일족이 받들던 조상신의 일원이 되었음을 나타내려는 의식이 상승작용을 일으킨 결과일 것이다.

인물이 거의 표현되지 않거나 아예 그려지지 않은 사신계 벽화의 경우 무덤 주인의 계급적 인식과 사회적 지위는 무덤칸 천정석 벽화의 제재를 통해 드러나는 경향이 있다. 일반적으로 천정석에 황룡이 그려진 고분의 무덤 주인은 청룡과 백호 및 별자리가 그려진 고분의 주인공보다 우월한 신분과 지위를 누렸을 것으로 이해되고 있다.[74] 그러나 천정석 벽화의 제재가 무덤 주인의 신분이나 계급적 지위와 반드시 일치한다고 단정 짓기도 어렵다. 사신계 벽화고분 가운데 천정석에 해와 달, 연꽃을 그려 넣는 경우도 종종 있는데, 이러한 제재는 무덤 주인과 그 일족의 신앙의 대상이던 여래나 천제 등을 상징했을 가능성이 오히려 높기 때문이다.[75]

## 편년 자료 3: 양식, 기법, 재료

### 양식

고분벽화는 회화의 형태로 남겨진 역사자료이므로 화가나 화가집단에 의해 이루어지는 부분도 충분히 고려되어야 한다. 이른바 공예성과 창작성, 양식성과 예술성의 문제, 미술사적 발전과 변화 과정도 동시에 검토되는 것이 바람직하다. 장의미술, 공예미술로 출발했지만 고분벽화에도 시대와 주제, 지역과 기호에 따른 양식과 기법, 재료상의 발전은 있게 마련이다. 사회 구조 및 인식이 바뀌면 화가와 화가 집단의 출자, 구성, 지위, 성향과 유파적 흐름에도 자연스럽게 변화가 올 수밖에 없다. 사회적 지위나 구성원이 달라지는 과정에서 화가나 화가 집단의 창의력과 심미관이 바뀌면, 벽화의 제재, 제재를 묘사하는 기법에도 변화가 오기 마련이다.

3세기 중엽부터 7세기 전반까지 무려 4세기에 걸쳐 고구려의 주요 문화 중심지에서 대량 제작되지만 고분벽화에는 벽화를 제작한 화가 개인이나 유파의 이름이 전혀 전하지 않는다. 비록 모본을 바탕으로 제작되는 공예미술이지만 화가는 주어진 틀을 창의적으로 변형시키고 표현 대상을 묘사하는 기법에 변화를 주는 방식을 통해 유파적 흐름을 드러내기도 한다. 따라서 기록이 전혀 전하지 않는 상태에서는 고분벽화에 적용된 다양한 기법이나 필법, 양식 등을 정리함으로써 시기별, 지역별 유파의 존재를 짚어낼 수밖에 없을 것이다.

회화 작업의 초기 단계에서 화가는 인물보다는 동물, 운동 상태보다는 정지 상태, 정면관보다는 측면관을 선호하고 그런 대상과 움직임에 대한 묘사에 익숙해지는 경향이 있다. 화가가 필법과 기법에 익숙해지면 표정이 없는 몰개성적 얼굴, 굳고 어색한 몸놀림을 보이던 인물이 표정이 뚜렷하고 개성이 있는 얼굴, 자연스럽고 유연한 몸놀림을 보이는 존재로 대체된다. 고분벽화에서도 이러한 과정을 읽어낼 수 있다.[76]

그러나 표현 기법상의 발전이 이루어진다 해도 모든 화가나 화가 집단의 기량이 똑같은 속도로 발전하고 같은 수준에 이르는 것은 아니다. 비슷한 시기에 제작되었어도 주변부의 2급 화가 및 그 집단이 규모가 작은 무덤에 그린 벽화와 중심부의 1급 화가 집단이 큰 무덤에 그린 벽화는 수준과 기량에서 뚜렷한 차이를 보일 수밖에 없다. 때문에 대상의 묘사 수준만을 벽화 제작 편년의 주요한 기준으로 삼는 태도는 지양될 필요가 있다. 화가의 기량 및 묘사 수준에 대한 평가를 바탕으로 고분벽화를 편년하면 사실과 다른 결과에 이를 가능성이 높다. 예를 들면, 357년경 제작된 안악3호분 벽화는 408년작 덕흥리벽화분의 벽화를 포함하여 5세기 전반에 만들어진 고구려의 다른 고분벽화들에 비해 제재의 배치와 묘사에서 월등하게 높은 수준을 보여준다. 만약 안악3호분에 357년 쓰인 묵서명이 남아 있지 않았다면, 묘사 수준에 바탕을 둔 벽화 편년이 어떠한 결과를 가져왔을지는 아무도 장담할 수 없다.

회화 주제의 분화와 독립 과정도 유의해야 할 부분이다. 초기와 중기 생활풍속계 고분벽화 및 사신계 고분벽화에서는 사냥 장면 등의 배경으로만 그려지던 산수가 후기 사신계 고분벽화에서는 독립주제화하는 경향을 보여준다. 5세기까지 고분벽화의 산과 나무는 원근대소遠近大小를 뚜렷이 구분하지 않고 개략적으로 그려지는 것이 일반적이었다(《그림 31》). 그런데 6세기 중엽경부터는 원근대소가 고려되면서 암산巖山과 토산土山이 구분되고, 산 주름이 묘사된다(《그림 32》). 산 속 나무의 줄기와 가지, 이파리가 종류에 따라 구분될 뿐 아니라 그 자체가 독립된 표현 대상이 된다.[77] 이것은 장의미술인 고분벽화가 시대의 흐름 속에서 공예미술로서의 성격을 조금씩 벗어버리고 있음을 뜻한다. 미술적 양식과 기법이 발전하고, 사회 분화에 따라 예술 각 분야의 자립성이 높아지며, 전문인으로서의 화가에 대한 사회적 시각이 긍정적으로 바뀌고, 화가 자신이 예술가적 자의식을 강하게 가지면서 강렬한 심미적 표현 욕구를 지니게 되는 등의 요인이 상승작용을 일으키면서

[그림 31] 약수리벽화분 벽화 산수 | 초기와 중기 고분벽화에서 산수는 사냥 장면 등의 배경으로만 그려졌다. 그러나 후기 사신계 고분벽화에서는 독립주제화된다. 5세기까지 고분벽화의 산과 나무는 원근대소 구분 없이 개략적으로 그려지는 것이 일반적이었다.

[그림 32] 강서대묘 벽화 산수 | 5세기까지 개략적으로 그려지던 고분벽화의 산수가 6세기 중엽부터는 독립된 표현 대상이 된다. 이는 장의미술인 고분벽화가 시대의 흐름에 따라 공예미술로서의 성격을 탈피하고 있음을 의미한다.

나타난 현상이라고 할 수도 있다. 고구려 후기 사신계 고분벽화를 연구 자료로 사용하고자 할 경우 이러한 측면에 대한 사전 이해가 반드시 필요하다.

회화 양식이 지역에 따라 독자적으로 발전했을 가능성도 열어 놓아야 한다. 집안 지역 후기 사신계 고분벽화에서 사신은 불꽃, 인동연꽃, 신선 모습의 인물 등으로 장식된 복잡한 사방연속무늬, 혹은 화면을 가득 메우며 빠르고 힘 있게 흐르는 구름과 상서로운 기운을 배경으로 묘사된다. 이와 달리 평양 지역 고분벽화에서 사신은 무배경無背景의 공간 한 가운데나 화면 하부에 묘사된 세련된 필치의 산수만을 배경으로 그려진다. 청룡, 백호, 주작, 현무도 집안 지역의 것은 오색 위주로 채색되고 세밀한 부분까지 묘사되어 배경과 함께 화면 전체를 선명하고 화려하게 만드는 존재다. 반면 평양 지역에서는 세부가 과감하게 생략되고 색채 간의 조화가 고려된 채 채색되어 깊고 넓은 허공 속에 장중하고 힘 있게 움직이는 존재처럼 느껴진다.[78] 이와 같은 대비는 평양 천도 이후에도 집안 지역이 고구려의 정치·사회·문화 중심으로서의 기능과 역할을 어느 정도 유지했으며, 이로 말미암아 집안 지역에는 고분벽화 제작을 비롯하여 제반 미술 작업을 독자적으로 담당하는 화가 집단이 여전히 남아 있었음을 반증한다.[79] 고분벽화와 관련하여 6세기의 고구려를 살펴볼 때, 집안이라는 또 하나의 문화 중심이 지녔던 위치와 무게감에 유의해야 한다는 사실이 명확해진다.

## 기법과 재료

고분벽화의 제작과 관련한 기법과 재료, 제반기술상의 문제도 염두에 두어야 한다. 구륵법鉤勒法, 몰골법沒骨法, 여러 가지 준법皴法 등 표현 기법의 개발과 전래, 시점과 구도의 변화, 채색 기법의 발달 과정, 황토, 자토, 금, 진사, 녹청석 등 다양한 채색 안료의 추출법 및 각종 동·식물성 아교의 배합기술, 벽화 제작 과정에 필요한 여러 가지 도구의 종류와 쓰임새, 도구 구성의 변화 등에 대한 구체적인 이해가 전제되어야 한다. 또 벽화의 주제와 제재 구성 방식에 영향을 주는 고분 형태, 무덤칸의 구조 및 축조 재료의 변화 과정과 그 의미에 대한 과학적 지식과 판단력 등도 갖출 필요가 있다.

고구려 고분벽화는 초기와 중기에는 통상 벽면에 회를 바른 후 물기가 가시지 않은 상태에서 그 위에 그림을 그리는 습지법 위주로 제작되나, 회가 마른 상태에서 그 위에 그림을 그리는 건지법으로 만들어지기도 한다. 후기의 사신계 고분벽화에서는 대리석이나 화강암 판석 면을 잘 다듬은 후 그 위에 직접 그림을 그리는 한층 발전된 제작법이 적용된다. 화가의 묘사 기량이 향상되고, 과학적 안료 추출 및 아교배합법이 개발되었을 뿐 아니라 고분 축조 재료가 판석으로 바뀌는 등의 변화가 상승작용을 한 결과라고 하겠다. 특히 회벽 면과 달리 판석 면이 안고 있는 안료 흡착 및 보존상의 여러 가지 문제점을 고려하면 판석 면에 직접 그림을 그리기 위해서는 고도의 과학적 안료 추출과 아교 재료의 변화, 안료와 아교 배합 기술의 개발이 필수적인 전제조건 가운데 하나였을 것이므로 이 분야에서 괄목할 만한 기술 축적이 이루어졌음을 짐작할 수 있다.

벽화의 제작법은 당연히 벽화 제작 과정에도 영향을 주게 된다. 예를 들면, 백회 위에 벽화를 그리는 기법이 적용되었을 경우에는 벽화를 다시 그리기 쉽다. 화가가 제재나 표현 방식을 바꾸고자 할 경우, 벽면에 회를 다시 바르고 새로 그리면 되기 때문이다. 따라서 고분벽화의 조사 및 검토 과정에서는 벽화의 제재가 바뀌었을 가능성, 바뀌었을 경우 그러한 작업이 지닌 의미에 대해서도 유의할 필요가 있다. 실제 환문총 벽화는 벽화의 주제 자체가 생활풍속에서 장식무늬로 바뀌었음이 2차 벽화에 비쳐진 1차 벽화의 내용을 통해 확인된다(〈그림 33〉). 장천1호분 벽화도 널방 천장 고임 1층의 연화화생蓮花化生이 연꽃무늬로 바뀌었음을 회가 떨어져나가 1차 벽화가 드러난 부분을 통해 확인할 수 있다. 벽화 표현 및 내용의 수정에는 장인으로서의 화가의 입장 외에도 벽화 제재에 대한 관념의 변화를 비롯한 다양한 문제가 개재되었을 가능성이 고려되어야 할 것이다.[80]

초기의 생활풍속계 벽화에서는 앞방의 곁칸 안벽과 널방 안벽에 그려지던 무덤 주인이 중기 고분벽화에서는 앞방 안벽과 널방 안벽 혹은 널방 안벽에만 그려지다가 결국에는 자취를 감춘다.[81] 이러한 변화는 벽화 주제가 바뀌는 과정에 이 새로운 흐름이 직

[그림 33] 환문총 벽화 원벽화의 흔적 | 백회 위에 벽화를 그리는 기법이 적용되었을 경우 벽화를 다시 그리기 쉽다. 환문총 벽화는 주제 자체가 생활풍속에서 장식무늬로 바뀌었다. 이는 2차 벽화에 비쳐진 1차 벽화의 내용을 통해 확인된다.

접·간접적으로 무덤 구조의 변화를 자극하고, 여기에 사회·경제적 요인 및 건축 기술의 발달 등의 조건이 더해지면서 돌방무덤이 외방 위주로 축조된 것과도 관련이 있다. 무덤 주인의 초상을 필수로 하는 현세 재현의 계세적 내세관이 죽은 자나 살아있는 자 모두에게 받아들여지지 않음으로써 생활풍속이라는 주제가 더 이상 선호되지 않게 되고, 이에 따라 자연스레 무덤 주인 자신도 무덤칸 안에 더 이상 그려지지 않게 되는 면도 있다. 하지만 고분 자체가 저택 재현에 적합한 구조에서 벗이나 죽은 자의 관만을 안치할 수 있는 외방무덤 구조로 바뀌어감으로써 무덤칸 내부가 화면상의 제약을 받게 되면 극히 엄선된 벽화 제재만 허용될 수밖에 없게 된다는 점도 고려할 필요가 있다. 사신이 벽화의 주제로 선정되면서 간결한 무덤 구조만으로 충분해지는 측면도 있지만 무덤 구조가 간결하게 바뀜으로써 죽은 자의 세계를 지켜줄 사신 이외의 존재가 무덤칸 벽면에 그려지기는 사실상 어려워졌다고 할 수도 있는 것이다.

# 8
# 고분벽화의 연구

안악3호분은 널길칸, 앞방과 좌우 곁방 · 널방 · 회랑으로 이루어진 여러방무덤이다. 천장짜임은 삼각고임이며 무덤 방향은 남향이다. 평면 'T' 자형 구조, 돌기둥 여러 개로 구분된 앞방과 널방, 앞방과 널방을 'ㄱ' 자형으로 휘돌게 설치된 회랑 등 무덤 구조상의 특징이 중국 한~위 · 진시대 요양 일대에 축조된 벽화고분과 맥이 닿는다.

# 초기 고분벽화

## 사례 1: 안악3호분

안악3호분은 널길칸, 앞방과 좌우 곁방·널방·회랑으로 이루어진 여러방무덤이다(《그림 34》).[82] 천장짜임은 삼각고임이며 무덤 방향은 남향이다. 평면 'T' 자형 구조, 돌기둥 여러 개로 구분된 앞방과 널방, 앞방과 널방을 'ㄱ' 자형으로 휘돌게 설치된 회랑 등 무덤 구조상의 특징이 중국 한~위·진시대 요양 일대에 축조된 벽화고분과 맥이 닿는다.[83] 널길방 벽으로부터 앞방 입구 동벽과 서벽에 걸쳐 의장대와 고취악대, 앞방 동벽에 수박희 장면, 앞방 서벽 곁방 입구 남벽과 북벽에 호위문신과 무신, 7행 68자의 묵서명,[84] 서벽 곁방의 안벽인 서벽에 무덤 주인, 남벽에 무덤 주인의 부인, 동벽 곁방 안에는 방앗간, 용두레우물, 마구간, 외양간, 차고, 고깃간, 부엌 등 가내시설과 남녀 시종, 널방 동벽에는 무악도舞樂圖, 널방

[그림 34] 안악3호분 평면도 | 안악3호분은 가장 이른 시기에 제작된(357년) 초기 고분으로서 널길칸, 앞방과 좌우 곁방·널방·회랑으로 이루어진 여러방무덤이다. 널길에서 회랑에 이르는 묘실 내부공간의 석면 위에 그림을 그렸다.

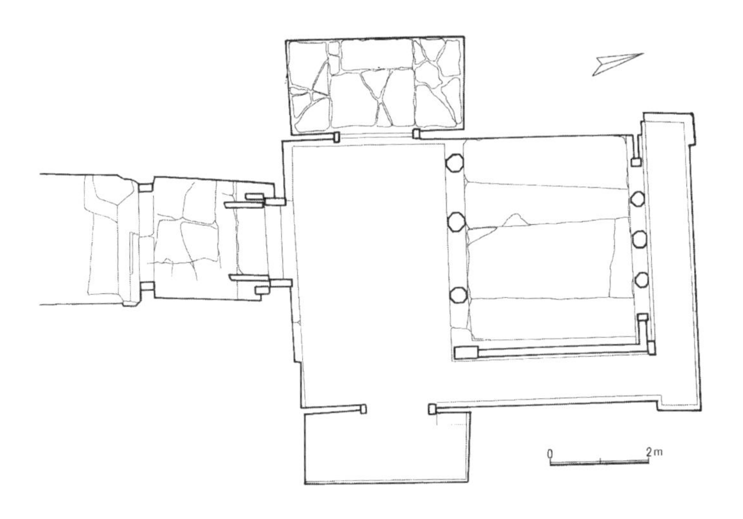


천장에는 연꽃, 회랑에는 10.5미터에 걸쳐 250명 이상의 인물이 등장하는 대규모 행렬을 그렸다. 벽화에 등장하는 인물과 각종 시설 옆에는 설명문에 해당하는 묵서가 있어 내용 이해에 도움을 준다. 벽화의 배치 내용과 무덤 구조를 함께 고려하면 안악3호분은 4세기 고구려 대귀족의 저택을 무덤 속에 재현한 것임을 알 수 있다. 이제 안악3호분 벽화의 몇 가지 특성에 대해 살펴보자.

안악3호분 벽화에 적용된 회화 기법은 앞방 오른쪽 곁방의 무덤 주인 부부도와 회랑의 대행렬도에서 가장 잘 드러난다. 회랑의 대행렬도는 행렬의 일부만을 그린 것인 만큼 전열前列, 중열中列의 규모에 견주어 후열後列까지 고려하면 행렬 전체는 500여 명에 이르는 대규모였을 것으로 추정된다.[85] 행렬도에서 눈에 띄는 것은 행

[그림 35] 안악3호분 벽화 의장기수 | 안악3호분 벽화의 인물들은 자세나 복장은 각기 다르나 얼굴 표정은 거의 동일하다. 인물이 몰개성적으로 그려진 것은 개인을 개별적인 존재로 인식하지 못하던 시대적 한계 때문으로 보인다.

렬 중인 인물을 겹쳐 그림으로써 화면에 공간감을 주려 한 점이다. 대상을 겹쳐 그림으로써 공간적 깊이를 드러내는 기법은 고대 회화에서는 비교적 높은 수준의 표현 기법에 속한다.

한편, 인물들의 얼굴은 대부분 3/4 측면관側面觀이다. 자세나 복장은 각기 다르나 얼굴 표정은 거의 동일하다(《그림 35》). 대상의 개성을 드러내는 묘사 방식은 회화 기법의 발전과도 관련이 있지만 대상을 개별적인 존재로 인식하는지 여부와 관련이 깊다. 개인을 부족이나 씨족의 구성원이 아닌 가문을 대표하거나 독립적인 존재로 인식하는 것은 통일신라·발해시대 후기에 이르러서다.[86] 따라서 표현 기법이 비교적 세련됨에도 불구하고 안악3호분 벽화

[그림 36] 안악3호분 벽화 무덤 주인과 시종들 | 서쪽 곁방에 그려진 무덤 주인과 시종들은, 정좌한 무덤 주인을 중심으로 좌우의 인물들이 지위와 거리에 따라 점차 작아지는 삼각형 구도를 보이고 있다. 이러한 구도는 부인과 시녀들 그림에서도 거의 동일하게 나타난다.

의 인물들이 몰개성적으로 그려진 것은 대상 인식의 시대적 한계도 일부 작용했기 때문이다.

서쪽 곁방의 무덤 주인과 부인은 각기 양 귀퉁이와 가운데 꼭대기가 연봉오리와 반쯤 핀 연꽃으로 장식된 탑개榻蓋 안에 앉아 업무를 보거나 시중을 받고 있다. 화면을 좀 더 구체적으로 살펴보자. 정좌한 무덤 주인을 중심으로 좌우의 인물들은 지위와 거리에 따라 점차 작아져 화면 전체가 삼각형의 구도를 이룬다(《그림 36》). 이러한 구도는 무덤 주인쪽을 바라보며 앉은 부인과 시녀들 그림에서도 거의 동일하게 나타난다. 무덤 주인의 옷주름 표현에는 초보적인 형태로나마 태서법泰西法이나 요철법凹凸法에 해당하는 회

화 기법이 적용되고 있다.[87] 화면 등장인물들의 얼굴은 행렬도에서처럼 몰개성적이다. 벽화의 등장인물들에서 공통적으로 확인되는 맞여밈이나 오른여밈 위주의 복식과 무덤 주인 부부의 얼굴 생김 등을 함께 고려하면, 이들의 모습은 요양 지역에서 발견되는 중국 한~위·진대 고분벽화 등장인물들과 좀 더 가깝다.

요양상왕가촌묘遼陽上王家村墓 우이실右耳室 서벽 무덤 주인 그림의 구성과 표현방식은 안악3호분 벽화의 무덤 주인 그림과 매우 닮았다(〈그림 37〉).[88] 안악3호분의 무덤 주인 그림이 상왕가촌묘 벽화에 비해 세련되고 정리된 필치로 표현된 점, 복식으로 보아 안악3호분 무덤 주인이 더 위계位階가 높은 것으로 추정되는 점이 다를 뿐이다. 상왕가촌묘 좌이실左耳室 동벽에 거기출행도車騎出行圖가 표현된 점까지 함께 고려한다면, 무덤 구조 및 벽화 구성상 안악3호분은 상왕가촌묘가 대표하는 요양 고분벽화의 한 흐름을 잇고 있다고 봐도 과언이 아니다. 구도 및 기법으로 볼 때 상왕가촌묘 무덤 주인의 모습이 후한後漢시기 작품인 하북河北 안평安平 녹가장전실묘碌家莊塼室墓 무덤 주인 초상을 모델로 삼은 것으로 보이는 점, 안악3호분 무덤 축조 재료, 무덤 구조, 벽화 기법 등이 산동기남북채촌1호한묘와 닮아 있는 점까지 함께 고려하면 안악3호분 벽화는 산동, 하북, 요양으로 이어지는 후한~위·진시대 벽화 전통을 계승하여 발전시킨 결과라는 해석도 가능해진다.

[그림 37] 요녕성 요양상왕가촌묘 벽화 무덤 주인과 시종들 | 요양상왕가촌묘의 무덤 주인 그림의 구성과 표현방식도 안악3호분 벽화와 유사하다. 무덤 구조와 벽화 구성 면에서 안악3호분이 상왕가촌묘가 대표하는 요양 고분벽화의 한 흐름을 잇고 있다고 봐도 과언이 아니다.

[그림 38] 덕흥리벽화분 투시도 | 5세기 초에 만들어진 덕흥리벽화분은 널길, 앞방과 이음길, 널방으로 이루어진 두방무덤이다. 천장고임은 궁륭식이며 무덤 방향은 남향이다.

## 사례 2: 덕흥리벽화분

덕흥리벽화분은 널길, 앞방과 이음길, 널방으로 이루어진 두방무덤이다. 천장고임은 궁륭식이며 무덤 방향은 남향이다. 무덤칸 벽과 천장고임 하단에 목조가옥의 골조를 그려 넣은 다음 그 안에 생활풍속의 각 장면을 묘사함으로써 무덤칸 안을 무덤 주인의 사후저택死後邸宅으로 상정했음을 나타냈다(〈그림 38〉).[89]

널길에는 괴물수문장과 연꽃 및 인물을, 앞방 벽에는 무덤 주인 출행도出行圖, 13군태수배례도, 무덤 주인의 업무도業務圖 등을 그렸다. 앞방의 천장고임에는 해와 달, 60여 개의 별자리, 별자리신앙과 관계된 상상 속의 존재들과 사냥 장면 등을 배치했다. 이음길 입구 상단에는 묵서로 묘지명을 써넣었다.[90] 이음길 벽에는 무덤 주인의 부인이 나들이하는 장면을 묘사했으며, 널방 벽에는 연

못과 무덤 주인의 칠보공양七寶供養 행사, 마사희馬射戲, 우교차牛轎車, 무덤 주인 정좌상 및 마구간, 외양간, 누각樓閣, 고상창고高床倉庫와 같은 가내시설들을 표현했다. 널방 천장고임에는 활짝 핀 연꽃과 구름이 그려졌다. 벽과 천장고임에 그려진 인물과 시설, 행사 장면 옆에는 안악3호분처럼 설명 형식의 묵서가 쓰여 있다. 벽화의 배치로 보아 5세기 초에는 고구려 귀족의 저택이 사랑채와 안채로 나누어졌음을 알 수 있다. 그림 내용으로 볼 때, 사랑채는 바깥주인이 손님을 맡거나 공적公的 업무를 처리하는 장소로 쓰였으며, 안채는 놀이 및 휴식, 사적私的 행사를 위한 생활공간으로 쓰였음이 드러난다.

덕흥리벽화분 벽화에서 눈길을 끄는 것은 무덤 주인 초상肖像의 위치, 인물·동물·산수의 표현 양식, 불교관계 표현과 묵서묘지명의 내용 등이다. 먼저 무덤 주인 초상에 대해 살펴보자. 두방무덤으로 바뀌면서 덕흥리벽화분 무덤 주인의 초상은 곁방이 아닌 앞방 북벽에 한 차례, 널방 북벽에 한 차례, 모두 두 차례 묘사되고 있다. 무덤 주인을 곁방이 아닌 앞방 북벽에 묘사한 것은 곁방이 없어졌기 때문일 수도 있다. 그러나 무덤 주인을 정면상, 곧 초상 형태로 널방 북벽에 다시 나타낸 것은 무덤 구조의 변화까지 포함한 인식상의 문제와 관련 있다고 보는 것이 오히려 자연스럽다.

중국의 한~위·진대 고분에서 무덤 앞방의 서쪽 곁방은 혼전魂殿으로 여겨졌다.[91] 때문에 벽화고분의 경우, 무덤 주인이나 무덤 주인 부부의 초상은 이 서쪽 곁방에 그려졌다. 이 전통이 고구려에 전해져 안악3호분 벽화에 적용되었다고 하겠다. 그런데 덕흥리 벽화분에서는 무덤 앞방에 곁방이 마련되지 않고, 곁방에 그려지던 무덤 주인의 초상이 앞방 북벽으로 옮겨졌을 뿐 아니라 널방 북벽에도 묘사되고 있는 것이다. 앞방 북벽 무덤 주인의 초상 앞에 제상祭床에 해당하는 상석床石이 놓인 것으로 보아 무덤 안의 혼전에 대한 개념은 여전히 남아 있으나, 널방 북벽에도 무덤 주인 초상이 표현되는 것에서 알 수 있듯이 앞 시기의 전통적인 인식과 표현에 혼란이 오고 있음을 짐작할 수 있다. 혼전에 대한 관념을 담고 있는 널방 북벽 무덤 주인 초상 표현의 전통은 쌍영총, 약수리벽화분, 수렵총으로 이어져 내려간다. 그러나 혼전과 관련한 기존의 인식이 쇠퇴하고 무덤 구조에도 변화가 오면, 무덤 주인 초상은 더 이상 앞방 벽에 그려지지 않을 수도 있다. 그런 시대가 오고 있음을 덕흥리벽화분의 무덤 주인 초상이 보여주고 있다고 하겠다.

안악3호분 벽화의 무덤 주인 그림에 적용되었던 화면상의 삼각형 구도는 덕흥리벽화분 벽화에서는 약화되나, 계급비례적 인물 표현 방식은 오히려 강화되는 듯이 보인다(《그림 39》). 신분과 지위의 차이를 인물의 크기로 나타내는 회화 기법은 당시로서는 상식에 속한다. 덕흥리벽화분의 무덤 주인과 시종의 묘사에서 이러한 기법이 과장되게 적용된 것은 유주자사를 지냈다고 하는 주인 진鎭의 지위를 강조하려는 의도 때문인 듯하다.

덕흥리벽화분에서도 인물은 여전히 몰개성적으로 표현된다. 어

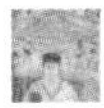
[그림 39] 덕흥리벽화분 벽화 무덤 주인과 시종들 | 덕흥리벽화분 벽화에서는 안악3호분 벽화 무덤 주인 그림의 삼각형 구도는 약화되지만 계급비례적 인물 표현 방식은 강화된다. 신분과 지위의 차이를 인물의 크기로 나타내는 회화 기법이 적용된 것이다.

떤 면에서 표현 기법과 수준은 앞 시기에 비해 더 낮아진 듯 보인다. 안악3호분 벽화에 비해 거칠고 뻣뻣한 필선筆線으로 묘사된 인물 및 동물들의 움직임은 어색해 보이며, 옆으로 길게 펼쳐진 대상물들은 이들이 자리한 곳의 공간적 깊이를 느끼기 어렵게 한다. 그러나 표현 기량의 후퇴를 느끼게 하는 이와 같은 변화는 안악3호분 벽화로 대표되는 4세기 중엽경의 회화 기법 및 경향에서 탈피하기 위한 노력의 결과이자, 5세기 고구려식 회화의 성립을 위한 진지한 고민의 한 과정일 수도 있다.

안악3호분에 비해 고구려적 분위기를 많이 띠고 있는 덕흥리벽화분 등장인물의 얼굴 모습과 옷차림이 이와 같은 해석의 타당성을 부분적으로나마 뒷받침한다. 볼과 턱이 풍만하며 얼굴이 둥근 안악3호분의 무덤 주인 부인과 시녀들이 소매가 넓고 깃이 둥근 옷을 걸친 것과 달리 덕흥리벽화분의 시녀들은 얼굴이 달걀처럼 갸름하고 길며, 소매가 좁은 저고리와 주름치마 차림이다. 이런 옷차림과 얼굴 형태는 5세기 후반 평양 지역 고분벽화에 등장하는 시녀들과 크게 다르지 않다.

널길 벽에서부터 나타나는 연꽃, 널방의 연못 및 칠보공양도七寶供養圖, 묘지명 가운데 '석가문불제자釋迦文佛弟子 운운云云' 하는 구절로 보아 무덤 주인 진鎭은 생시에 각종 공양供養을 통해 정토왕생淨土往生을 기원하던 독실한 불교신자였던 것으로 보인다. 그러나 묘지명 후반의 '공자택일孔子擇日 무왕선시武王選時 …… 주공상지周公相地' 등은 중국 전래의 전통적인 장의관葬儀觀에서 비롯된 문구들이다. 무덤 주인이 두 갈래의 서로 다른 내세관을 뭉뚱그려 받아들인 인물이었음을 짐작하게 한다.[92] 이처럼 안악3호분보다 반세기 뒤에 만들어진 덕흥리벽화분은 무덤 구조, 벽화 제재와 구성 방식, 회화 기법 등에서 안악3호분과 구별된다. 회화 기법은 후퇴하는 기미를 보이지만, 무덤 구조 및 벽화 제재에 대한 세부적인 표현, 예를 들면 인물의 복식 등은 고구려적 분위기를 한층 뚜렷이 띤다. 반세기 동안 진행된 고분벽화의 고구려화의 결과라고 하겠다.

그러나 덕흥리벽화분 벽화에서 외래 장의미술의 수용과 소화 단계를 넘어선 새로운 고구려식 회화 양식을 읽어내기는 어렵다. 무덤 주인 진鎭의 묘지명에 두 갈래 내세관이 정리되지 못한 상태로 뭉뚱그려 담겨 있는 데서 잘 드러나듯이, 5세기 초의 고구려 사회는 새롭게 영역에 포함시켰거나 경계를 맞대게 된 다양한 사회와 문화를 수용 내지 소화하는 단계에 머물고 있었기 때문일 것이다.[93]

## 사례 3: 각저총

각저총은 집안의 우산禹山 남쪽 기슭에 무용총과 나란히 놓여 있다. 퇴화형 앞방과 정방형에 가까운 널방을 지닌 두방무덤으로 앞방 천장짜임은 궁륭식, 널방 천장짜임은 변형8각고임이며, 서남향이다.[94] 각저총 앞방 왼칸과 오른칸 각 벽에는 한 그루씩의 커다란 나무를, 자색의 도리와 보위에는 세모꼴불꽃무늬를 그렸다. 이음길 서북벽 안쪽에는 커다란 개 한 마리를 실물크기로 그렸다. 다른 벽에는 그림이 남아 있지 않다. 널방 벽면 각 제재의 위 혹은 아래에는 새구름무늬를, 벽 위 끝 도리와 보위에는 세모꼴불꽃무늬를 그렸다. 동남벽에는 한가운데에 커다란 나무를 그리고 그 왼편에는 부엌 건물과 사람, 오른편에는 씨름하는 역사 두 사람과 심판을 보는 노인을 묘사했다. 화면 가운데에 있는 커다란 나무 밑동 좌우에는 나무에 등을 기댄 채 사람처럼 서 있는 곰과 호랑이를, 나뭇가지 여기저기에는 검은새 여러 마리를 그렸다. 널방 입구쪽 둘로 나뉜 서남벽 좌우에는 연리수連理樹처럼 가지가 얽힌 커다란 나무가 한 그루씩 그려졌으며, 좌우로 나뉜 서남벽 가운데 상단부는 새구름무늬로 장식되었다. 서북벽에는 세 그루의 크고 작은 나무 사이로 각기 안장을 갖춘 말의 고삐를 쥔 마부 둘과 우교차 한 대가 그려졌다. 동북벽에는 무덤 주인 부부의 가내생활 장면이 묘사되었다. 천장고임에는 해와 달, 여러 개의 별자리로, 별자리 이외의 공간은 넝쿨형 무늬로 장식되었다.

각저총 벽화에서 주목되는 것은 무덤 내부의 각 벽면과 천장고임을 독립 화면으로 나누는 목조 건축의 뼈대그림, 앞방 네 벽을 가득 채웠을 뿐 아니라 필요에 따라 널방 각 벽의 개별 화면을 작은 주제로 구분하게 하는 커다란 나무들, 노인을 심판으로 삼은 매부리코의 서역계 인물과 전형적인 예맥계 고구려인의 씨름 장면, 두 부인을 거느린 무덤 주인의 정면좌상, 널방 천장고임을 장식한 초롱무늬와 해, 달, 별자리 등이다.

무덤 내부의 벽 모서리, 벽과 천장고임이 맞닿는 곳에 그려진 나무기둥과 들보는 안악3호분에서 공간을 나누는 역할을 맡았던 돌기둥과 들보돌을 대신하는 존재다. 덕흥리벽화분에 이르러 실물이 그림으로 대치되는 데서 짐작할 수 있듯이 '나무기둥과 들보그림' 은 생활풍속을 주제로 하는 초기 벽화고분 내부 장식에 거의 빠짐없이 등장하는 제재다. 생활풍속을 내용으로 하는 제재와 관련이 깊은 목조가옥 뼈대 표현은 수산리벽화분, 안악2호분과 같은 중기 벽화고분에서도 확인된다. 중기 벽화고분 가운데에는 천왕지신총과 같이 무덤 내부의 장식에서 가옥 골조 그림과 실물의 조화가 시도되는 사례도 나타난다. 그러나 생활풍속 제재가 거의 채택되지 않는 중기 후반에는 나무기둥이 하늘을 받치는 우주역사나 괴수로 대체된다.

각저총 벽화에 등장하는 인물들은 하나 같이 볼에 군살이 없어 얼굴선이 아래로 깔끔하게 내려오는 고구려인 특유의 길고 갸름한 얼굴을 지녔다. 이목구비耳目口鼻 표현에도 조금씩 변화가 있어 인물의 개성과 연령의 차이도 느낄 수 있다. 5세기 초 작품인 평양지역 덕흥리벽화분 인물도와는 표현 기법과 기량에서 뚜렷한 차이가 난다.

벽면의 나무들은 모두 가지는 자색赭色, 잎은 연녹색으로 채색되었는데, 윤곽선 없이 채색한 듯하여 윤곽선이 뚜렷한 인물화와는 기법상 차이를 보인다. 'X' 자형으로 교차하며 얽힌 가지, 버섯의 갓처럼 덩어리진 잎 등은 중국 한대 화상의 수목을 연상시키지만 집안 일대에서 생장하는 나무 가운데 5월경 가지 끝에서 잎이 덩어리지듯 돋는 가래추자나무의 모습과도 닮았다. 한대 화상에서 유래한 수목 표현 양식상의 특성이 위·진시대 회화에서 변형을 거듭하면서 요양을 거쳐 고구려에 전해지고, 5월경의 가래추자나무의 모습을 보면서도 묘사가 따르지 못했던 화공畵工의 회화기교상의 한계가 외래의 회화 양식과 서로 맞물리면서 이런 표현이 나온 것인지도 모른다.[95] 나무의 표현과 관련한 이러한 이해는 벽화 제재의 수용 및 소화와 관련하여 요양에서 집안으로 이어지는 경로도 있었다는 해석을 가능케 한다.

[그림 40] 각저총 벽화 씨름 | 두 역사 중 한 사람은 고구려인 얼굴이나 다른 한 사람은 눈이 크고 코가 높은 서역계 인물이다. 고구려 고분벽화에서 씨름 등은 일상생활의 표현이라는 측면 외에 장의 행사의 일환으로 행해졌을 가능성도 있다.

각저총 벽화의 제재 배치 및 화면 구성과 관련하여 눈길을 끄는 것 가운데 하나는 널방의 씨름 장면과 무덤 주인 부부 가내생활도다. 먼저 씨름도를 살펴보자(《그림 40》). 각저角抵나 상박相搏은 오늘날 씨름, 택견으로 나뉘어 칭해지는 힘겨루기 기술을 통칭하는 용어나. 각저 혹은 상박은 집안 지역과 평양·안악 지역 고분벽화에서 고르게 발견되는데, 씨름으로 불리는 장면은 집안의 각저총과 장천1호분 벽화, 일부 문헌에서 수박희로 칭하는 장면은 안악

의 안악3호분 벽화와 집안의 무용총 벽화에서 각각 볼 수 있다.

각저총 벽화에서 씨름에 열중하는 두 역사 가운데 한 사람은 보통의 고구려인의 얼굴을 하고 있으나 다른 한 사람은 눈이 크고 코가 높은 서역계 인물이다. 장천1호분 앞방 북벽 서편 모서리에 그려진 씨름하는 두 역사 가운데 왼편 역사의 얼굴은 보통의 고구려인과 같음을 확인할 수 있으나 오른편 역사의 얼굴은 보이지 않는다. 안악3호분 앞방 남벽 서쪽 위편의 수박희 장면에 등장하는 두 남자, 무용총의 널방 서북벽 천장고임에 그려진 수박희 중인 두 남자도 한 사람은 전형적인 고구려 사람인 반면, 다른 한 사람은 서역계 인물이다. 씨름이나 수박희가 고분벽화의 제재로 선택되면서 서역계 인물도 같이 등장하는 이유는 어디에 있을까.

수박희 표현 사례는 중국 하남성 밀현密縣 타호정후한벽화고분打虎亭後漢壁畵古墳의 벽화를 비롯한 한대의 고분벽화 및 유물 장식화에서 쉽게 찾을 수 있다.[96] 이것은 각저총 및 장천1호분 벽화의 같은 표현이 제재적인 면에서는 그 유래를 한대 장의미술에서 찾을 수 있음을 뜻한다. 전통적으로 동아시아에서는 서역계 인물이 '힘'의 상징으로 여겨졌던 점, 내륙아시아의 제 민족에게 장례 때 씨름을 행하는 풍습이 있다는 민족지적 자료, 《일본서기》 내 씨름 기사가 장의 행사의 하나로 이해되고 있는 점 등을 함께 고려하면 고구려 고분벽화에 표현된 씨름, 수박희 등은 일상생활 장면의 표현이라는 측면 외에 장의 행사의 일환으로 행해졌을 가능성도 검토될 수 있을 것이다.[97]

[그림 41] 각저총 벽화 무덤 주인 부부와 시종들 | 널방 동북벽의 무덤 주인 부부 가내생활도는 집안 지역 고분벽화에서는 가장 이른 시기의 작품이다. 화면 속의 무덤 주인 부부는 장방 안에서 시종들의 시중을 받으며 여유 있는 한때를 보내고 있다.

널방 동북벽의 무덤 주인 부부 가내생활도는 집안 지역 고분벽화에서는 가장 이른 시기의 표현 사례에 속한다(〈그림 41〉). 벽화 속의 무덤 주인은 다리가 높은 탁자에 정면을 향해 앉았는데, 배 앞에 두 손을 모아 왼손으로 오른 팔목을 잡은 자세다. 무덤 주인보다 작게 그려진 무덤 주인 왼편의 두 부인은 바닥에 놓인 깔개 위에 앉았는데, 머리에는 두건을 썼고 주름치마 위에 깃이 달린 긴 치마를 입었다.

각저총 벽화에서 무덤 주인 부부가 널방에만 표현되는 것은 무덤 구조의 변화 및 그 변화에 깔린 인식의 문제와 관련이 있다. 화면 속의 무덤 주인 부부는 장방 안에서 시종들의 시중을 받으며 여유 있는 한때를 보내고 있다. 이러한 표현은 같은 시기 평양 지역 생활풍속계 고분벽화에서는 찾아보기 어렵다. 각저총 벽화단계에는 덕흥리벽화분에 남아 있던 무덤 안의 혼전魂殿에 대한 인식과 표현이 사실상 소멸 단계에 들어갔음을 짐작하게 한다.

널방 동남벽 씨름 장면의 일부인 커다란 자색나무의 가지 사이에 그려진 검은 새 여러 마리, 나무 밑동 좌우의 곰과 호랑이는 고구려인의 전통신앙과 관계 있는 동물로 이해된다(《그림 42》).[98] 각저총 벽화의 나무들이 하늘과 땅을 잇는 일종의 우주목으로 기능하면서 동시에 화면을 나누고 장면을 전환시키는 경계목으로서의 역할도 함께 담당함을 고려하면 화면 속의 나무 밑동에 그려진 곰과 호랑이는 하늘기둥의 역할을 하는 이 거대한 나무에 의지하여 지상세계 생명의 뜻과 소망을 하늘세계로 전하려는 존재, 검은새는 이들의 꿈을 하늘세계에 전하려고 귀를 기울이는 메신저인지도 모른다. 이러한 점에서 각저총 벽화의 곰과 호랑이는 고조선의 건국신화인 단군신화를 연상시키는 존재들이라고 하겠다. 장천1호분 벽화 사냥도 가운데 나무 밑동 형상의 산 속 동굴에 그려진 검은 곰 모습의 동물 역시 이와 관련하여 주목되는 존재다.

나뭇가지에 새를 묘사하고, 나무줄기 곁에 여우와 같은 짐승들을 배치한 화면은 중국 한대의 화상과 위·진대 고분벽화에서도 빈번히 찾아지며, 특정한 신화나 전설을 바탕으로 성립한 것이다.[99] 때문에 요양이나 섬서의 위·진대 고분벽화에서도 이들 제재는 한대 석묘화상石墓畵像 제작 단계에 성립한 형태와 구성에서 크게 벗어나지 못한다.

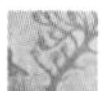

[그림 42] 각저총 벽화 씨름 장면 중의 곰과 호랑이 | 널방 동남벽 씨름 장면에서 곰과 호랑이는 지상세계의 뜻과 소망을 하늘세계로 전하는 메신저 역할을 담당하고 있다. 이런 점에서 곰과 호랑이는 고조선의 건국신화인 단군신화를 연상시킨다.

그러나 각저총 벽화에서 나뭇가지의 새는 각기 다른 자세를 취하고 있으며, 사람처럼 나무에 기대어 엉거주춤 선 듯한 자세의 곰과 호랑이의 얼굴에는 표정이 있다. 벽화에서 이들은 씨름 등 화면의 다른 제재들과 어울려 한 편의 풍속화를 연출하고 있다. 때문에 각저총 벽화 널방 서북벽 화면 구성에서 요양의 위·진대 고분벽화의 한 화면을 떠올리기는 어렵다. 5세기 전반의 한 시기부터 고구려에서 고분벽화의 독자적 화면 구성이 이루어지고 있는 셈이다.

집안 지역의 초기 고분벽화를 대표한다고 볼 수 있는 각저총 벽화는 집안을 중심으로 성립한 고구려 사회의 전통적인 신앙과 이에 근거한 재래의 계세적 내세관이 생활풍속계 고분벽화의 제재 선택과 구성에 중요한 영향을 끼쳤음을 확인시켜준다. 이러한 사실은 성스러운 나무에 대한 신앙, 개와 같은 영혼 인도 동물에 대한 관념의 표현이 각저총 벽화 구성에서 중요한 위치를 차지하는 데서 잘 드러난다. 성스러운 나무 및 영혼 인도 동물들은 현세 삶과 차별성을 지니지 않는 내세 삶의 성격과 관련된 존재들이다.

한편, 각저총 벽화에 채택된 개별 제재의 표현 양식은 중국의 한에서 삼국·위·진에 걸쳐 산동→하북→요양으로 이어지는 장의미술 양식의 전파 과정과 맥이 닿는다. '고분벽화'가 고구려의 바깥에서 시작되어 고구려 사회에 받아들여진 장의미술의 한 장르라는 사실을 고려하면 이해할 수 있는 현상이다.

각저총을 비롯한 초기와 중기 집안 지역 고분벽화에 묘사된 인물들은 흔히 고구려 특유의 점무늬가 있는 왼여밈 옷을 입은 모습으로 나타난다. 또한 남성들은 물론 여성들도 저고리와 바지 차림이 일반적이다. 옷깃 여밈을 왼쪽으로 하는 관습은 내륙아시아의 유목민족들을 비롯하여 이른바 기마문화에 익숙한 민족과 사회에서 흔히 확인되는 북방문화적 요소다. 고구려 문화의 기원을 읽어내고자 할 때 감안해야 할 부분이다.

# 중기 고분벽화

## 사례 1: 안악2호분

외방무덤인 안악2호분은 중기 벽화고분 가운데 안악 지역을 대표하는 벽화고분이다.[100] 안악2호분 역시 널방 벽 모서리, 벽과 천장부의 경계에 목조가옥의 기둥과 두공, 도리를 그리고 천장부에는 위로 올라가면서 동자주, 도리, 소로를 잇달아 장식하여 널방 안이 목조가옥의 내부처럼 보이게 했다. 널길 좌우의 남벽과 북벽에는 남에서 북으로 나란히 줄지어 선 창병 행렬과 수문장에 해당하는 무인 한 사람씩을 그렸다. 널방 남벽의 좌우, 곧 널방 문에 의해 동서로 나뉜 두 벽에는 갑주로 몸을 가리고 손에 무기를 든 수문장을 1인씩 묘사했고 문 위의 띠벽에는 허공을 나는 2인의 비천을 그렸다. 널방 동벽 북측 벽화는 남아 있지 않다. 남측 벽 상부에 북벽 방향으로 날아가는 2인의 비천, 하부에 3인의 공양자상供養子像이 있다. 널방 서벽 벽화는 전돌길을 나타내기 위해 가로로 길게 그은 띠에 의해 화면이 위아래로 나뉘었다.[101] 전돌길 위의 공간에는 여인과 시녀, 시동들로 이루어진 14명의 인물 행렬이 그려졌고 아래쪽에는 불꽃무늬류의 장식무늬 흔적 일부만 남아 있다. 널방 북벽 한가운데에는 주인공 부부가 자리 잡은 장방을 그렸으나 장방 안 평상 위에 정면을 향해 나란히 앉아 있어야 할 귀족 부부 가운데 동쪽의 무덤 주인은 모습이 남아 있지 않다. 장방 서측 띠 위와 아래의 공간에는 서벽의 귀부인과 시녀 행렬을 연상시키는 인물 행렬이 묘사되었고 동측에는 동벽 공양자들과 같은 복장의 인물들이 그려졌다. 널방 천장고임은 목조가옥의 부재인 동자주와 소로, 도리 등으로 공간이 나뉘었고 부재의 내부와 나뉜 공간들은 여러 종류의 화려한 무늬로 장식되었다. 천정석의 네 모서리에는 반쯤 핀 연꽃송이를 측면도로 배치했다. 전체적으로 안악2호분 널방 천장은 활짝 핀 연꽃들에 초점을 둔 연꽃의 세계라고 할 수 있다.

안악2호분 벽화에서 눈길을 끄는 것은 널방 벽의 비천飛天, 벽 모서리와 상부에 묘사된 나무기둥과 도리, 활개 안의 다양하고 정교한 장식무늬, 고임을 가득 메운 화려하고 세련된 연꽃무늬, 보륜무늬 등 장식무늬들이다. 벽 모서리와 천장고임을 장식한 기둥과 도리, 그 내부의 무늬들은 벽면에 그려진 비천 및 공양자 행렬과 어우러져 무덤칸 내부를 불교사원의 일부처럼 느끼게 하는 데 결정적인 역할을 담당한다.

널방 동벽의 두 비천은 중앙아시아 회화의 영향에서 아직 벗어

[그림 43] 안악2호분 벽화 산화공양 | 여래의 덕을 기리기 위한 산화공양散華供養 중인 널방 동벽의 두 비천은 5세기 중엽을 기점으로 집안 고분벽화 일부에서 보이는 인물의 사실적 표현이 더욱 진전되었음을 잘 보여준다.

나지 못한 듯 보이는 집안의 장천1호분 앞방 천장고임 벽화의 비천들과는 여러 가지 면에서 구분된다(〈그림 43〉). 약간은 어색하고 긴장된 필선으로 그려진 까닭에 힘 있는 움직임에도 불구하고 화면에 붙잡혀 있는 듯이 느껴지기도 하는 장천1호분 벽화의 비천들과 달리 안악2호분 벽화의 비천은 이미 부드러움을 몸과 표정에 담고 있는 존재다. 잘 생긴 고구려 미소년을 연상시키는 얼굴에 살짝 입을 벌려 미소 지으며 팔을 약간 구부린 채 들어 올린 상태에서 왼손의 엄지와 검지로 오른손에 받쳐 든 연화반 위의 연꽃잎을 집어내 공중에 뿌리는 중이다. 여래의 덕을 기리기 위한 산화공양散華供養 중인 벽화 속 비천의 모습은 자신이 불교적 하늘세계

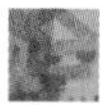

[그림 44] 안악2호분 벽화 기둥과 들보 | 널방의 벽 모서리 및 벽과 천장고임의 경계지대는 화려한 무늬들로 장식되어 있다. 변형구름무늬, 넝쿨무늬, 연꽃무늬, 기하학적 도형무늬들은 무덤 주인 부부의 내세 삶이 진행되는 별세계의 배경인 듯 보인다.

의 존재임을 자연스럽게 드러낸다. 5세기 중엽을 기점으로 집안 고분벽화 일부에서 보이는 인물의 사실적 표현이 안악 지역에서는 더욱 더 진전된 흐름을 이루고 있었음을 알게 하는 사례다.

안악2호분에서 널방의 벽 모서리 및 벽과 천장고임의 경계지대를 장식한 목조가옥의 뼈대에 해당하는 부분은 벽면을 장식한 인물 행렬 등 다른 생활풍속계 제재들에 비해 과장된 크기, 화려한 장식무늬를 자랑한다(《그림 44》). 수산리벽화분에서도 유사한 모습을 보이는 변형구름무늬, 넝쿨무늬, 연꽃무늬, 보륜무늬, 기하학적 도형무늬들로 채워진 나무기둥과 도리, 들보들은 이제 널방 내부를 재현된 지상세계 목조가옥의 전부나 일부로 인식시키기보다는 무덤 주인 부부의 내세 삶이 진행되는 별세계의 배경장치로 기능하는 측면을 강하게 지닌 듯 보인다. 현세 삶의 연장 혹은 재현을 위해 무덤칸 벽화의 주제로 생활풍속이 선택되던 시기는 사실상 지나고 있음을 이들 제재가 보여주고 있다고 하겠다. 비천과 공양자들의 존재, 천장고임을 가득 메운 연꽃무늬에서 드러나듯이 죽은 자들, 이들을 장사지내는 자들, 무덤칸에 벽화를 그리는 화공들의 관심의 초점은 불교에서 말하는 내세 정토로 옮겨지고 있으며, 그 과도기적인 정황이 무늬로 가득한 거대한 나무기둥과 도리로 나타나고 있다고 할 수 있다.

### 사례 2: 쌍영총

쌍영총은 벽화 속에서 사신四神의 비중이 높아지면서 생활풍속의 후퇴가 뚜렷이 진행되던 시기의 벽화고분으로 두방무덤이다.[102] 널길 동벽과 서벽에 행렬行列, 앞방 입구 동벽과 서벽에 수문위사

守門衛士, 앞방 동벽과 서벽에 청룡靑龍과 백호白虎, 북벽 좌우에 문지기를 그렸으며, 앞방과 널방 사이에 세워진 두 개의 8각돌기둥에는 용龍, 널방 남벽 위의 소슬그림 사이에 주작朱雀 한 쌍, 동벽 위쪽에 귀부인 공양 행렬, 북벽에 무덤 주인 부부의 정면좌상과 쌍현무雙玄武를 묘사했다.

쌍영총 벽화에서 눈길을 끄는 것은 인물과 사신, 연꽃의 배치와 묘사다. 먼저 인물을 보자. 널길 벽과 널방 동벽에는 앞 시기와는 비교가 안 될 정도로 깔끔하고 세련된 필선으로 묘사된 갸름한 달걀꼴 얼굴의 인물들이 배치되었다. 남자들은 고구려 특유의 모자인 절풍折風을 머리에 쓰고, 선襈을 덧댄 왼여밈 저고리에 통 넓은 바지를 입었으며, 여자는 선을 덧댄 저고리에 주름치마를 입었다. 전형적인 고구려인이다. 5세기 후반으로 편년되는 수산리벽화분이나 팔청리벽화분 벽화에서도 이와 같은 모습의 인물들을 발견할 수 있는데, 화공은 인물에 따라 얼굴 형태와 표정에 변화를 줌으로써 개성을 드러내려 하고 있다. 초기 고분벽화인 안악3호분 및 덕흥리벽화분 벽화의 인물들과는 완연히 다른 모습이다. 이른바 고구려식 인물 표현의 전형이 나타나고 있는 것이다.

그런데 여기서 한 가지 흥미로운 것은, 쌍영총의 경우, 널방 북벽의 무덤 주인 부부는 여전히 개성 없는 신상형神像形 인물로 그려졌으며 그 크기는 오히려 작아졌다는 사실이다(〈그림 45〉). 이것을 화공이 지닌 인물 표현 기량 때문으로 보기는 어렵다. 오히려 5

[그림 45] 쌍영총 벽화 무덤 주인 부부와 쌍현무 | 무덤 주인 부부는 이전보다 작아진 모습으로 그려졌다. 이는 5세기 중엽 고구려 사회를 풍미하던 전생적 내세관의 영향으로 현세 재현 중심의 계세적 내세관이 약화됨에 따라 나타난 현상으로 해석된다.

세기 중엽 전후 고구려 사회에 풍미하던 불교의 전생적轉生的 내세관 및 정토왕생신앙淨土往生信仰의 영향으로 재래의 현세 재현 중심의 계세적 내세관이 약화되면서 무덤칸 안에 무덤 주인 부부를 그려 넣을 필요성이 낮아진 것과 관련이 깊은 현상으로 해석해야 할 것이다.[103]

그러나 덕흥리벽화분의 무덤 주인 초상과 주변인물을 그릴 때 앞 시기보다 엄격하게 적용되었던 위계적 표현은 비록 정도는 약화되고 있지만 쌍영총 벽화 무덤 주인 부부의 초상과 주변인물, 귀부인 공양 행렬 인물들의 묘사에도 반영되고 있다. 쌍영총과 같은 시기로 편년되는 수산리벽화분 인물 행렬에서도 위계적 표현은 확인된다. 이로 보아 평양권의 경우, 신분과 지위에 따라 인간을 차등적으로 인식하는 태도가 5세기 후반에 이르러서도 크게 불식되지 않고 있었을 가능성이 높다.

쌍영총의 천장고임 벽화에서는 앞방과 널방 천정석에 표현된 활짝 핀 연꽃이 눈길을 끈다. 승려가 참여한 귀부인의 공양 행렬이 시사하듯 이 연꽃들은 무덤 주인이 불교에서 말하는 이상세계, 곧 정토왕생을 소망했음을 알려주는 제재다. 이들 연꽃은 중국 석굴사원 장식의 일부로 등장하는 천장부의 연꽃, 안악2호분 널방 천장석의 연꽃을 연상시킨다. 흥미로운 것은 두 연꽃이 5세기 집안권集安圈과 평양권平壤圈으로 나뉘어 지역적 특성을 뚜렷이 드러내며 표현되던 상이한 연꽃 양식의 혼합형이라는 사실이다.[104] 쌍영총 널길 벽화의 기마 인물이 덕흥리벽화분 사냥도의 기마 인물, 무용총 벽화 사냥도의 기마 인물이 보여주는 지역적 특색을 뭉뚱그려 담아내는 것도 연꽃에서와 같은 맥락에서 이해될 수 있는 부분이다.

## 사례 3: 무용총

5세기 중엽에 이르면 고구려 회화가 나름의 독자적인 화면 구성이 가능한 단계에 이른다. 이를 잘 보여주는 것이 무용총 벽화다. 무용총 역시 각저총처럼 퇴화형 앞방, 정방형에 가까운 널방을 지닌 두방무덤이다. 앞방 천장짜임은 궁륭식, 널방 천장짜임은 변형8각고임이며, 서남향이다.[105] 앞방 왼칸과 오른칸 벽에는 커다란 나

[그림 46] 무용총 벽화 가무배송 | 가무배송도는 말을 타고 나가는 무덤 주인과 시동, 배웅하는 무용수들과 합창대로 이루어졌다. 화공의 기량이 제재의 배치와 구성, 배색 등에서는 향상되었지만, 특수한 표현에서는 한계를 드러내고 있음을 잘 보여준다.

무, 말안장, 인물, 기와집 등을 그렸고 천장고임에는 화초무늬를 묘사했다. 이음길 벽에는 커다란 나무를 그렸다. 널방 동남벽에는 부엌건물과 사람, 가무배송도를 배치했다. 널방 입구에 해당하여 둘로 나뉜 서남벽 좌우에는 커다란 나무가 한 그루씩 그려졌다. 서북벽에는 우교차와 사냥 장면이 묘사되었다. 동북벽에는 무덤 주인이 손님을 맞아 음식을 대접하면서 대화를 나누는 장면이 묘사되었다. 천장고임에는 해와 달, 여러 개의 별자리, 하늘로 떠오르는 연꽃과 연봉오리, 여러 선인들과 상서로운 짐승과 새 등이 그려졌다.

무용총 벽화에서 먼저 살펴볼 것은 널방 동남벽의 가무배송도다(〈그림 46〉). 가무배송도는 말을 타고 나가는 무덤 주인과 그 뒤

의 시동侍童, 무덤 주인을 배웅하는 무용수들과 합창대로 이루어졌다. 무용수 가운데 나란히 선 듯한 다섯 사람은 실제로는 비스듬한 선을 이루는 세 사람과 수평선상에 나란히 선 두 사람으로 나뉜다. 이 같은 배치는 앞의 세 사람 가운데 둘째, 셋째 사람의 두루마기 빛깔을 다르게 표현하고, 넷째와 다섯째 사람의 저고리와 바지의 색을 서로 엇바뀌게 그리며, 아랫줄의 합창대로 추정되는 일곱 사람 가운데 셋째 사람을 고개를 돌려 뒤를 돌아보는 모습으로 그리는 등의 세부기법과 함께 화면에 변화와 생동감을 부여하려는 화가의 의도를 담고 있으며, 그에 상응하는 적절한 효과를 거두고 있다. 한편 무용수들은 모두 두 팔을 '일一' 자로 펴면서 뒤로 제킨 듯한 자세인데, 화면상으로는 두 팔이 한쪽 겨드랑이에서 돋아난 듯이 표현되었다. 화공의 기량이 제재의 배치와 구성, 배색 등에서는 향상을 이루었지만, 특수한 표현에서는 한계에 부딪치고 있었음을 알게 한다.[106] 이외에 춤추거나 노래하는 모습을 그려낸 작품으로는 장천1호분과 마선구1호분의 벽화가 있다.

널방 서북벽의 사냥 장면도 고구려 나름의 회화적 성취를 보여주는 좋은 사례 가운데 하나다(〈그림 47〉). 화공은 힘 있고 간결한 필치로 사냥꾼과 짐승들 사이에 형성되는 사냥터 특유의 쫓고 쫓기는 급박한 흐름을 잘 표현하고 있다. 특히 놀라 달아나는 호랑이와 사슴, 말을 질주시키며 정면을 향해 혹은 몸을 돌려 활시위를 당기려는 기마 인물의 자세는 굵기에 변화를 준 물결무늬꼴 띠를 겹쳐 표현한 산줄기에 의해 한층 더 속도감과 긴장감을 부여받

[그림 47] 무용총 벽화 사냥 | 널방 서북벽의 사냥 장면은 고구려 나름의 회화적 성취를 보여주는 좋은 사례 가운데 하나다. 전체적으로 사람과 짐승의 자세와 동작은 비교적 정확하면서도 세련되게 표현되어 있다. 반면 산수 묘사의 수준은 초보적이다.

고 있다. 전체적으로 사람과 짐승의 자세와 동작은 비교적 정확하면서도 세련되게 표현된 반면, 산줄기는 공간감을 결여했고 산봉우리의 나무는 고사리순과 같이 표현되는 등 산수山水의 묘사 수준은 초보적이다.

그러나 둥글게 오려 나란히 붙인 판지 위에 유황덩이가 큰 성냥개비를 세워 놓은 듯이 그려진 산과 나무를 배경으로 펼쳐진 덕흥리벽화분의 사냥도, 이보다 발전된 표현 수준을 보여주는 약수리벽화분의 사냥 장면과 비교할 경우, 무용총 벽화의 사냥도를 그린 화공의 전반적인 표현 기량은 크게 향상되어 있음을 알 수 있다.[107] 산줄기를 사이에 둔 사람과 짐승들 사이의 원근 비례가 무시되거나, 산과 사람, 짐승, 나무 사이에 대소大小 비례가 맞지 않는 등의 약점이 화면 전체에 흐르는 운동감에 녹아들면서 전혀 어색한 감을 주지 않기 때문이다.

가장 가까운 산은 흰색, 그 뒤의 산들은 붉은색, 먼 산은 노란색을 바탕색으로 한 것은 보는 사람에게서 멀어짐에 따라 백白-적赤-황黃의 차례로 채색하는 고대 설채법設彩法의 원리에 따른 것이다.[108] 화면 구성, 배색 효과 등 구성적 측면에서는 향상되고, 제재의 특수한 형태, 자세의 묘사와 같은 표현적 측면에서는 한계를 드러내는 이 시기 집안 지역 화공의 기량상의 문제가 이 사냥도에서도 확인된다고 하겠다. 벽화의 사냥 그림에서 산수의 사실성이 충분히 확보되지 못하는 것은 이를 제대로 표현할 수 있을 만한 회화 수준에 이르지 못한 까닭이기도 하겠지만, 산수가 아직은 독자적인 회화 표현 대상으로 인식되지 못했기 때문이기도 할 것이다.[109]

널방 동북벽 무덤 주인의 손님맞이 그림은 무덤 주인과 대화하는 두 인물이 승려인지의 여부로 말미암아 논란이 일기도 했던 그림이다(《그림 48》). 이 그림에서 눈길이 가는 것은 무덤 주인이 더 이상 신상神像과 같이 정좌한 모습으로서가 아니라 특정 장면의 주요 등장인물 중 하나로 그려져 있다는 사실이다. 이는 특히 내세관의 변화와 관련하여 관심을 끈다. 화면에서 무덤 주인은 비스

[그림 48] 무용총 벽화 손님맞이 | 널방 동북벽 무덤 주인의 손님맞이 그림에서 무덤 주인은 더 이상 정좌한 모습으로서가 아니라 특정 장면의 주요 등장인물 중 하나로 그려져 있다. 이는 특히 내세관의 변화와 관련하여 눈길을 끈다.

듬히 앉아 승려로 보이는 두 인물과 대화를 나누고 있으며 무덤 주인의 부인은 보이지 않는다.

이와 같은 구성의 벽화는 정좌한 무덤 주인과 이를 향해 비스듬히 앉은 두 부인으로 구성된 각저총 널방 안벽 벽화와는 또 다른 맛을 풍긴다. 각저총 벽화 단계에도 흔적을 남기고 있던 무덤 안의 혼전魂殿에 대한 인식을 무용총 벽화에서는 거의 느낄 수 없다. 무용총 벽화의 손님맞이 그림은 내세관을 둘러싼 새로운 인식의 표현이자, 이제 고구려식 고분벽화의 구성이 가능한 단계에 이르렀음을 알리는 표지라고 할 수 있는 것이다.

천장고임의 사신四神은 집안 지역의 생활풍속계 벽화고분 가운데 벽화에 처음으로 나타나고 있다. 청룡과 백호는 각종 동물의 특징이 어색하게 배합된 모습이며, 주작의 자리에는 한 쌍의 닭이

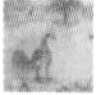
[그림 49] 무용총 벽화 주작 | 천장고임의 사신은 집안 지역의 생활풍속계 벽화고분 가운데 벽화에 처음으로 등장한다. 주작의 자리에는 한 쌍의 닭이 그려졌다. 고구려인의 주작 인식과 표현의 초기 상황을 보여준다는 점에서 주목된다.

그려졌다(〈그림 49〉). 주작이 서조瑞鳥인 봉황에 대한 인식을 바탕으로 나타난 존재이며, 봉황의 형상에 대한 인식이 일면 금계신앙金鷄信仰과 닿아 있음을 고려하면, 벽화의 닭은 주작을 나타낸 것이라고 볼 수 있다.[110] 고구려인의 주작 인식과 표현의 초기 상황을 보여준다는 점에서 눈길을 끄는 사례다.

## 사례 4: 장천1호분

5세기 중엽 집안·환인 지역 회화의 흐름을 보여주는 대표적인 벽화고분으로는 장천1호분을 들 수 있다.[111] 장천1호분은 전형적인 두방무덤으로, 무덤 방향은 서쪽이다. 앞방 서벽 좌우에 수문위사

守門衛士, 남벽에 가무진찬歌舞進饌, 북벽에 백희기악百戱伎樂과 사냥 장면, 동벽 좌우에 문지기, 이음길 남벽과 북벽에 시녀, 앞방 천장고임에 사신四神, 전투戰鬪, 보살菩薩, 여래좌상如來坐像과 예불공양자禮佛供養者, 비천飛天과 기악천伎樂天, 연꽃과 연꽃화생 등을 그렸다. 널방 벽과 천장고임에는 연꽃, 천정석에 해와 달, 북두칠성 등을 묘사했다.

장천1호분 벽화에서 먼저 눈길을 끄는 것은 실물크기로 그려진 인물들이다. 집안 삼실총 벽화에서는 이국적인 풍모를 지닌 역사가 실물적 크기로 그려졌지만, 장천1호분에서는 전형적인 고구려 사람이 실물적 묘사의 대상으로 등장하고 있어 보는 이의 관심을 모은다. 널방 동벽 좌우에 그려진 문지기 두 사람은 얼굴뿐 아니라 자세에서도 개성을 드러내어 더욱 더 눈길을 끄는 존재라고 할 수 있다(《그림 50》). 군살이 없는 둥근 얼굴, 부드러운 눈매, 두 손을 가슴 앞에서 모아 쥔 공손한 자세로 인해 문인文人을 연상시키는 북벽 인물과 달리 남벽 인물은 길고 각진 얼굴, 날카로운 눈매, 두 손을 배 앞에 대고 상대를 위압하려는 듯한 자세로 말미암아 무인적武人的 기질을 느끼게 한다. 각저총과 무용총 벽화에서 싹튼 인물의 개성 표현이 5세기 중엽을 전후하여 인물을 실물크기로 묘사하는 변화를 동반하면서 한층 구체화하고 있는 것이다.

고분벽화에서의 이러한 변화는 사회적으로 사회구성원의 개성을 인정하고 수용하는 현상과 관련 있는 것으로 보인다.[112] 그런데 사회구성원 각인의 개성을 인정한다는 것은 신분과 지위 등에 따

[그림 50] 장천1호분 벽화 문지기(북측 인물) | 장천1호분 벽화에서 눈길을 끄는 것은 실물 크기로 그려진 인물들이다. 동벽의 북측 인물은 군살이 없는 둥근 얼굴, 부드러운 눈매, 두 손을 가슴 앞에서 모아 쥔 공손한 자세로 인해 문인을 연상시킨다.

[그림 50] 장천1호분 벽화 문지기(남측 인물) ㅣ 반면 동벽의 남측 인물은 길고 각진 얼굴, 날카로운 눈매, 상대를 위압하려는 듯한 자세로 말미암아 무인적 기질을 느끼게 한다. 이 두 문지기 그림은 전형적인 고구려 사람이 실물적 묘사의 대상으로 등장하고 있다.

라 인간을 차별하고, 이를 개별 인격과 연관시켜 이해하던 고대적 사고와는 배치된다. 사회구성원의 개성은 인격의 본질적인 동등성同等性에 대한 이해를 전제로 받아들여질 수 있는 것이기 때문이다. 회화에서 인물의 개성 표현은 이러한 점에서 사회적으로 중요한 의미를 담고 있다.

이와 관련하여 관심 있게 살펴볼 것은 장천1호분 벽화의 경우 대상에 부여한 비중에 따라 크기를 조절하는 위계적 표현 방식의 적용 정도가 현저히 줄어든다는 사실이다. 예를 들면, 예불공양, 백희기악, 가무진찬 등의 장면에 등장하는 사람과 동물들 사이에는 흰 말 외에는 표현 비례상의 차이가 그리 엄격하게 적용되지 않고 있다. 사람보다 몇 배 크게 그려진 흰말과 그보다 작게 그려진 흰 개의 경우, 신앙적인 의미를 강하게 담고 있는 것으로 보인다.[113] 각저총 및 무용총의 널방 안벽 벽화의 등장인물에 적용된 위계적 표현의 경우, 무덤 주인을 기준으로 한 표현 비례의 차가 최대 1:16에 이르렀던 것을 고려하면, 이는 뚜렷한 변화다.[114] 이 역시 인간 개개인에 대한 인식의 문제와 관련된 현상으로 봐야 할 것이다.

인물의 개성이 구체적으로 표현되고 대상 비중에 따른 표현 방식이 지양되는 새로운 흐름과 관련하여 하나 더 검토할 것은 널방 안벽에 더 이상 무덤 주인이 표현되지 않는다는 사실이다. 이 같은 현상은 무덤 주인이 초상 특유의 정면상이 아닌 측면상으로 표현된 무용총 벽화에서 이미 암시된 바 있다. 평양·안악 지역의 고분벽화에서 5세기 후반에도 여전히 무덤 주인의 정면상이 제재로 선택되고 있었음을 고려하면, 집안 지역에서 나타나는 이러한 새로운 흐름은 사회·문화적 의미와 관련하여 눈여겨볼 필요가 있다.

앞방의 천장고임에 예불공양도禮佛供養圖가 등장하고 널방 전체가 연꽃문으로 장식된 장천1호분 벽화에 무덤 주인 초상이 그려지지 않는 것은 사람이 죽으면 조상신의 일원이 된다는 기존의 인식이 윤회輪回적 전생轉生이나 정토왕생을 상정하는 불교적 내세관으로 대체에 따라 일어난 현상이다.[115] 널방을 연꽃만으로 장식하는 사례가 같은 시기 중국의 남북조 고분벽화에서는 발견되지 않는 점까지 염두에 둔다면, 무덤 주인 초상의 소멸과 함께 나타나는 집안 중심의 이 새로운 경향은 말 그대로 고분벽화라는 장의미술의 고구려적인 소화의 결과이자 양식의 성립이라고 할 수 있다.

그러나 고구려 고분벽화에서 좀 더 주목할 부분은 문화 요소의 고구려적 소화 및 재창조 와중에도 외부로부터의 새로운 자극에 민감했고, 필요에 따라 수시로 이를 받아들였다는 사실이다. 5세기 고구려의 폭넓고 밀도 있는 대외관계 속에 중국의 남북조뿐 아니라 내륙아시아 유목국가 및 중앙아시아 지역으로부터 이들 지역에서 번성하던 불교문화 및 이와 관련된 제반 요소를 적극적으로 받아들이고 익히려 노력했음이 장천1호분 벽화의 제재 및 표현기법 중에 드러나기 때문이다.[116]

앞방 천장고임의 예불공양도, 보살도, 비천도 등이 그 증거로, 이들은 이전의 고분벽화에서는 나타나지 않던 새로운 제재다(《그림 51》). 여래와 보살의 얼굴, 복장 등은 5세기까지 중앙아시아 지

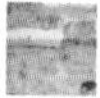
[그림 51] 장천1호분 벽화 예불공양 | 앞방 천장고임을 장식한 예불공양도는 이전의 고분벽화에서는 나타나지 않던 새로운 제재다. 여래의 얼굴과 복장 등은 5세기까지 중앙아시아 지역에서 제작되었던 석굴사원 미술 양식의 흔적으로 보인다.

역에서 제작되었던 석굴사원 미술 양식의 영향을 고려하게 한다. 또한 앞방 천장고임 안쪽 면 4·5층 고임의 가운데 비천飛天의 정면 하강 모습 묘사에 적용된 단축법短縮法은 앞 시기의 벽화에서는 적용 사례가 없던 기법으로 역시 이 지역으로부터의 영향을 고려하게 하는 사례다. 새로운 제재, 양식, 기법이 수용되면서 기존의 관념과 새로운 양식, 기법 사이에 발생하는 모순을 극복하지 못한 화공의 고뇌를 그대로 읽게 하는 표현도 찾아볼 수 있는데, 앞방 동쪽의 2·3층 천장고임 오른편의 남녀 공양자가 행하는 오체투지五體投地의 예불禮佛 모습이 그 사례다. 화공은 엎드려 가려진 남녀 공양자의 얼굴을 표현해야 한다는 강박감 때문에, 이것이 어떤 방향의 시점에서도 표현 불가능함을 알면서도 결국 공양자의 얼굴을 90° 왼편으로 돌려놓는 무리를 범하고 있다. 새로운 양식이나 기법의

 [그림 52] 장천1호분 벽화 연화화생 | 앞방의 천장고임 1층과 2층의 각 면 양 끝부분, 널방 천장고임 하부의 원벽화층에 그려진 연화화생은 외래종교 관념을 고구려 나름의 방식으로 소화한 것이라 특별한 관심의 대상이 되는 고분벽화 제재의 하나다.

수용 및 소화가 일시에 이루어지기 어려움을 보여주는 단적인 사례다.

한편, 백희기악도百戲伎樂圖에서는 부분적으로 흔적을 남기고 있는 대상 비중에 따른 위계적 표현이 천장고임의 여래와 공양자, 비천과 기악천에는 적용되지 않고 있으며, 비천 등은 이전에는 볼 수 없던 다양한 자세로 힘 있게 움직이는 존재로 그려지고 있다. 중국 5호16국 및 북조시대 석굴사원에 장식된 비천들과는 구별되는 안악2호분 벽화의 아름다운 비천, 후기 고분벽화인 강서대묘 벽화의 기악천들이 어디에서 비롯되었는지 짐작하게 해준다. 이 모두는 이 시기 고구려에 새롭게 유입된 불교문화의 영향을 반영하는 현상이다.

앞방의 천장고임 1층과 2층의 각 면 양 끝부분, 널방 천장고임

하부의 원原벽화층에 그려진 남녀쌍인연화화생은 고구려 나름의 방식으로 소화된 외래종교 관념의 구체적 표현이라는 점에서 특별한 관심의 대상이 되는 고분벽화 제재의 하나다(《그림 52》). 불교에서 연화화생이란 업業과 인연因緣의 매듭을 풀지 못하고 전생을 거듭할 수밖에 없는 중생이 윤회의 수레바퀴에서 벗어나 불교의 이상세계인 정토淨土에서 태어나는 방식이자, 완전히 새로우며 자유로운 삶이 열리는 상태를 말한다. 하늘연꽃이라는 이상적인 매체를 통한 정토에서의 새 삶은 모든 불교도들의 꿈이었으므로 연화화생상은 인도로부터 동아시아로의 불교 전파 경로에 자리 잡은 불교 유적들에서 곧잘 발견된다. 중앙아시아 코탄, 돈황의 막고굴, 대동의 운강석굴과 낙양 및 인근 지역의 불교 유적인 용문석굴, 공현석굴 등에서 그림이나 조소상의 형태로 표현되고 제작된 연화화생상을 찾기는 그리 어렵지 않다.

고구려 고분벽화에서도 연화화생과 직·간접적으로 관련된 표현은 비교적 자주 발견된다.[117] 집안권의 삼실총, 오회분5호묘, 오회분4호묘, 평양권의 성총星塚, 진파리1호분, 진파리4호분, 강서대묘 등에서 연화화생이 완성된 모습, 연화화생의 각 과정을 담은 장면이 찾아진다. 연꽃이 성장하여 마지막으로 합장한 자세의 인물 상반신을 태어나게 하는 성총 벽화가 있는가 하면, 연꽃의 한 가운데에서 동자가 머리를 내밀기도 하고, 할머니로 보이는 인물이 얼굴을 드러내기도 하는 삼실총 벽화도 있다. 진파리1호분 벽화에서는 보주寶珠, 용龍, 서조瑞鳥, 천인天人의 화생이 한 벽면에

[그림 53] 천수국수장 연화화생 | 연화화생상은 인도로부터 동아시아로의 불교 전파 경로에 자리 잡은 불교 유적들에서 발견된다. 일본 천수국수장의 연화화생상은 고구려에서 성립된 화생 표현 전통의 연장선상에서 출현한 것이다.

고르게 묘사되었으며, 오회분4호묘 벽화에서는 천인으로 보이는 인물들의 화생에 의한 탄생 과정이 널방 벽의 배경무늬 속에 각각 독립된 장면으로 처리되었다. 고려화사高麗畵師가 참여했다고 기록된 일본 천수국수장天壽國繡帳의 연화화생상도 고구려에서 성립된 화생 표현 전통의 연장선상에서 출현한 것이다(《그림 53》).

그런데 사례로 든 위의 벽화, 사원장식, 수장 등에서 연꽃은 예외 없이 한 생명이나 하나의 특수한 물체를 탄생시키는 존재로 그려지는 데 반해, 장천1호분 벽화에서는 두 생명, 곧 어린 남녀를 한꺼번에 정토왕생시키는 매개체로 묘사된다. 여성의 깨달음과 정토왕생에 여전히 회의적이던 고대 불교의 관념세계와 거리가 느껴질 뿐 아니라, 모든 인연에서 자유로워야 하는 정토 삶의 원리에도 위배되는 표현이다. 이혼을 터부시하고 부부합장의 전통을 강하게 유지하던 고구려적 사고방식과 관습이 불교 특유의 논리와 관념을 넘어선 것이다. 장천1호분 벽화의 남녀쌍인연화화생도는 고구려식 불교 이해의 결과물인 셈이다.

# 후기 고분벽화

## 사례 1: 진파리4호분

남향의 외방무덤인 진파리4호분에는 널길 벽에 연못, 널방 네 벽에 사신四神, 천장고임에 연꽃인동무늬, 천정석에 금빛 별자리가 그려졌다.[118] 진파리4호분 벽화에서 눈길을 끄는 것은 널길 벽의 연못그림이다(《그림 54》). 널길 벽에는 중첩한 높은 산과 빽빽이 솟은 소나무에 둘러싸인 연못을 그렸는데, 잔물결이 일고 있는 수면 위의 산호珊瑚, 연못 한가운데로 뻗어 오른 연줄기와 활짝 핀 연꽃, 그 좌우로 대칭을 이루며 치뻗은 인동잎과 연잎, 연못 위 허공에 떠 바람에 날리는 듯한 수염털 달린 인동연봉오리, 소나무줄기 사이로 빛나는 금빛의 십자꽃잎무늬, 산 밑의 암괴巖塊 등이 서로 어울리면서 연못에 신비스런 분위기가 감돈다. 불교에서 말하는 천수국天壽國의 하늘연못이 이런 모습일지도 모른다. 100여 년 전

[그림 54] 진파리4호분 벽화 연못 | 진파리4호분의 널길 벽에는 높은 산과 소나무에 둘러싸인 연못이 그려져 있다. 수면 위의 산호, 연못 한가운데의 연꽃, 그 좌우의 인동잎과 연잎, 산 밑의 암괴 등이 서로 어울리면서 연못에 신비스런 분위기가 감돈다.

[그림 54] 진파리4호분 벽화 연못 | 산과 나무의 표현에 도식성이 엿보이기도 하지만, 선의 굵기와 색의 농담으로 대상의 부피감을 드러내려 하고 좌우 대칭 구도 속에서도 세부 표현에 변화를 주는 등 이전과는 다른 수준의 산수 표현이 눈에 띈다.

작품인 덕흥리벽화분 벽화의 연못과는 분명 다른 차원의 연못이다. 연못 주변 산과 나무의 표현에 도식성이 엿보이기도 하지만, 선의 굵기와 색의 농담濃淡으로 대상의 부피감을 드러내려 한 흔적이 있으며, 좌우 대칭적 구도 속에서도 세부 표현에 변화를 주어 공예화라는 느낌을 주지 않으려 하고 있다. 이전과는 다른 수준의 산수 표현이다.

진파리4호분의 연지도蓮池圖에서 눈길을 끄는 것은 좌우에 산과 나무를 배치하고 그 사이 공간에 중요한 소재를 그려 넣는 대칭성對稱性 화면 구성 방식, 배경에 하늘을 흐르는 구름과 바람에 휘날리는 듯한 인동연꽃 및 수염털 달린 연봉오리를 그려 화면 전체에 생동감을 불어넣는 표현 기법이다. 6세기 중국 남북조에서 유행한 회화 양식의 특징적 요소들이다.[119] 진파리4호분 벽화에 중국 남북조 미술의 양식과 기법이 상당한 영향을 끼쳤음을 짐작하게 한다.

6세기 중국 남북조 양식을 받아들이면서도 고구려식 수용 방식이 적용되었음은 진파리4호분 벽화의 사신 표현에서 확인할 수 있다. 비록 남북조 양식으로 표현된 수목과 연봉오리 사이에 자리 잡았지만, 진파리4호분을 비롯한 고구려 후기 고분벽화의 사신은 널방 각 벽면의 주인공으로 등장한다. 이와 달리, 같은 시기 중국 북조 고분벽화 및 남조 고분 석각선화石刻線畵에 자주 등장하는 사신은 도교계통 선인仙人의 종속적 존재로 표현되는 경우가 일반적이다.

제재 구성과 표현 방식상의 이와 같은 차이는 기본적으로 고구려와 중국 남북조 간 사신에 대한 인식에 거리가 있었음을 시사한다. 동시에 고구려가 외래문화와 접하면서 자신의 문화적 전통 속에 아직 녹아들기 어려운 요소까지 일괄적으로 받아들이지는 않았음을 알게 한다. 진파리4호분의 사신은 당시 동아시아를 풍미하던 중국 남북조 미술 양식의 주요 기법을 받아들이되 제재 구성에 변화를 주는 한편, 세부 표현에는 특유의 힘과 생명력을 더함으로써 이미 일정한 고구려화를 이룬 작품이라고 할 수 있다.

### 사례 2: 강서대묘

강서대묘 벽화는 남북조 회화 양식의 수용이 시작된 뒤, 반세기 동안 고구려가 나름의 새로운 회화세계를 어떻게 만들어나갔는지를 잘 보여주는 작품이다. 강서대묘는 남향의 외방무덤으로 널방 벽에는 사신四神이, 천장고임에는 비천飛天과 선인仙人, 신산神山, 상금서수祥禽瑞獸, 기화요초琪花瑤草, 인동연꽃문 등이, 천정석에는 황룡黃龍이 그려졌다.[120]

진파리4호분과 달리 강서대묘에서 사신四神은 거의 아무런 배경 없이 벽면에 그려졌다(《그림 55》). 화공의 세련된 묘사 기법에 힘입어 강서대묘의 사신은 상상적 동물임에도 실재하는 존재인 듯 느껴진다. 사신이 획득한 '실재성'은 다시 무배경에 가까운 벽면에 깊은 공간감을 주어 벽면이 마치 아득한 하늘세계인 것처럼 느껴지게 한다. 무배경에 가까운 벽면과 사실감 있는 사신 표현이 절

[그림 55] 강서대묘 벽화 백호 | 강서대묘의 사신은 거의 아무런 배경 없이 벽면에 그려졌다. 세련된 묘사 덕분에 상상적 동물임에도 실재하는 존재인 듯 느껴진다. 무배경에 가까운 벽면과 사실감 있는 표현이 절묘한 상승효과를 이루어 회화적 완성도가 높다.

묘한 상승효과를 나타내고 있는 것이다. 같은 시기 중국의 남북조 미술, 이어지는 수隋·당唐의 미술에서는 찾아지지 않는 표현과 효과다. 특히 강서대묘의 현무와 주작은 다른 두 벽의 사신에 비해 회화적 완성도가 높다.

물론 이 시기에 이르러서도 특정한 대상이 지닌 부피감은 효과적으로 표현되지 못하는 등 당대 화법畵法의 한계를 드러내는 것처럼 보이는 부분도 있다. 당대 최고의 작품으로 평가되는 강서대묘의 현무에서 이러한 면이 잘 나타나 화공의 의도와 관련하여 흥미를 자아낸다.[121] 고구려의 화공은 벽화 중 현무의 뱀과 거북이 몸이나 목을 뒤트는 부분의 묘사에서 평면적인 선線처리에 의존하여 부피감을 제대로 나타내지 못한 듯 느껴지게 한다. 그러나 뱀과 거북의 어우러짐, 우주적 질서의 재현을 위한 음양陰陽의 기운을 교환하는 순간을 나타내기 위해 적용된 강한 필선은 네 다리로 버티고 선 거북은 힘을 뿜어내며 움직이는 존재로, 거북 몸을 감은 뱀은 탄력과 긴장감으로 가득한 동물로 그려낸다.[122] 부피감의 묘사에 주력하느라 우주적 신수神獸가 자아내야 할 강한 기운을 표현해 내는 데는 실패한 듯이 보이는 중국 수·당시대 고분벽화의 현무와는 대조적이라고 하겠다.

후기 고분벽화 사신도에서 확인되는 독자적 세계의 성립과 더불어 관심을 끄는 것은 벽화 중 산수도山水圖다. 고분벽화라는 실용화實用畵의 일부로, 사냥 장면이나 하늘연못, 사신의 배경으로만 그려지던 산수山水가 감상화鑑賞畵의 하나이자 독립된 회화 주제가 될 조짐이 이 시기의 벽화에서 보이기 때문이다. 강서대묘 널방 남벽 암수주작 아래에 그려진 산악은 산 능선을 따라 옅게 담채淡彩를 가하여 제한적이나마 산의 부피감을 나타냈다. 뿐만 아니라 가까운 산은 크고 뚜렷하게, 먼 산은 가까운 산과 거리를 두고 작고 희미하게 묘사함으로써 산의 원근遠近을 알 수 있게 하여 화면 자체에 깊은 공간감을 부여하고 있다. 같은 무덤의 널방 천장고임 제3층 서면의 산수도에도 대상이 지닌 원근감과 공간감을 나타내는 기법은 동일하게 적용되고 있으며, 나아가 산 주름을 나타내는 준법이 시도된 흔적도 있다(《그림 56》).[123] 이 산수도에는 산 능선에 나 있는 나무도 묘사되었는데, 간략한 필치임에도 제법 사실적이다.

사신도와 산수도에서 확인할 수 있었듯이 강서대묘 벽화를 제작할 즈음의 고구려 회화는 원근비례 개념에 입각한 대상 표현,

[그림 56] 강서대묘 벽화 산수 | 강서대묘의 벽화 산수는 이전과 달리 독립된 회화가 될 조짐을 보인다는 점에서 주목된다. 산수가 지닌 원근감과 공간감을 나타내는 기법이 적용되고 산 주름을 나타내는 준법이 시도되는 등 제법 사실적인 묘사가 눈에 띈다.

화면 안에 거리와 공간을 부여하는 표현 기법에 이미 상당히 익숙해 있다. 그러나 화면에 원근감 및 공간감을 부여하는 기법의 하나인 괴량감, 부피감의 표현은 뚜렷한 발전을 보이지 못하고 있다. 화공의 입장에서 볼 때, 산수와 같이 평면상에 정지해 있거나 평면상의 좌우상하의 한 방향으로 움직이는 물체가 지닌 부피감은 어느 정도 묘사해낼 수 있지만, 현무의 뱀과 거북과 같이 평면상에서 다양한 각도로 운동 방향을 바꾸고 있는 상태의 물체가 지닌 부피감은 효과적으로 표현해내기가 쉽지 않았던 듯하다. 그러나 부피감 표현에서의 이와 같은 한계는 고구려뿐 아니라 당시의 동아시아 회화가 공통적으로 마주치고 있던 회화 기법상의 과제 중 하나이기도 했다.

## 사례 3: 오회분4호묘

오회분4호묘는 남향의 외방무덤으로 널길에는 수문신장守門神將이, 널방 벽에는 연속변형귀갑문을 배경으로 사신四神이, 천장고임에는 신神과 천인天人, 상금서수 등이 표현되었다.[124] 천정석에는 황룡이 그려졌다. 오회분4호묘 벽화에서 눈길을 끄는 것은 널방 벽의 사신과 그 배경을 이루는 연속변형귀갑문, 귀갑문 내의 장식 요소들이다. 널방 벽의 사신四神은 인동과 불꽃으로 장식된 혹은 화생化生하고 있는 인동 및 인동연꽃 위의 천인天人 등으로 채워진 화려한 연속변형귀갑문 위에 세련되고 숙달된 필치로 묘사되었다. 청룡과 백호는 입을 크게 벌리고 눈을 부릅뜬 채 상대를 덮칠 듯한 자세로 하강하고 있다. 주작은 크게 나래치고, 현무는 대지 위에 힘 있게 버티고 서 있다. 사신의 몸체는 세부까지 세밀하게 묘사되었고, 오색五色으로 화려하고 선명하게 채색되었다. 그러나 지나치게 선명한 윤곽선과 엄격하게 구분된 채색 띠, 규칙적이고 도식적인 세부 표현 등은 신수神獸로서 사신이 지녀야 할 신비성과 사실성을 오히려 약화시키고 있다(〈그림 57〉).[125] 나아가 화려한 배경 그림은 벽지壁紙와 같은 효과를 가져와 이러한 종류의 화면이 지녀야 할 공간감을 약화시킴으로써 결과적으로 사신의 신수적 힘과 운동력을 떨어뜨리고 있다. 평양권 후기 고분벽화의 사신이 배경 표현을 가능한 한 생략시킨 상태에서 그려져 오히려 공간적 깊이감을 확보한 것과 대조적이다.

[그림 57] 오회분4호묘 벽화 청룡 | 널방 벽의 사신은 세련되고 숙달된 필치로 묘사되어 있다. 그러나 지나치게 선명한 윤곽선과 도식적인 세부 표현 등이 신비성과 사실성을 오히려 약화시킨다. 화려한 배경 그림도 공간감을 떨어뜨린다.

벽지 같은 효과를 불러온 화려한 연속변형귀갑문은 6세기 고구려의 대외 문화교류, 특히 미술 양식과의 접촉과 관련하여 주목되는 회화적 제재의 하나다. 귀갑문은 집안의 산성자귀갑총, 순천의 천왕지신총 등 5세기 고분벽화에서 발견되는 것이지만, 오회분5호묘 및 오회분4호묘의 연속변형귀갑문과는 표현 기법과 내용, 수준에서 상당한 거리를 보이고 있기 때문이다. 귀갑문을 이루는 오색띠, 귀갑문 속 팔메트풍의 장식무늬 및 중국 북조北朝 관인官人 복장을 한 화생천인化生天人, 막대기 끝으로 팔괘八卦를 가리키고 있는 도사 모습의 인물, 북조 석굴사원에서 발견되는 것과 유사한 벽 모서리 부분의 역사형 괴수 등은 기존의 벽화 전통 외에 남북조 및 내륙아시아, 서아시아 등 외부의 여러 지역으로부터의 문화적 자극도 함께 고려하지 않을 수 없게 한다. 고구려 문화권 외부로부터의 문화적 자극의 과정과 내용은 아직 충분히 밝혀지지 않고 있다. 그러나 이 연속변형귀갑문은 집안 지역이 지니고 있던 문화전통 및 문화교류의 통로가 평양 지역과는 차별성을 지닐 수 있음을 시사하는 자료 가운데 하나라는 점에서 일정한 문화사적 의미를 지닌다.[126] 이와 관련하여 살펴볼 것은 오회분4호묘 널방 천장고임 벽화의 제재 구성과 표현이다.

오회분4호묘 널방 천장고임 제1층에는 인동당초, 위아래로 연속마름모와 원점무늬에 둘러싸인 연속교룡문連續蛟龍文을, 제2층에는 밑면에 활짝 핀 연꽃을, 옆면에 해와 달의 신, 용이나 서수瑞獸를 탄 천신天神, 수레바퀴의 신, 대장장이신, 숫돌의 신, 불의 신, 농업신 등을 차례로 그렸으며, 신들 사이에는 나무를 배치했다. 제3층에는 밑면에 하늘세계를 받치는 용을 배치하고, 옆면에 연속교룡무늬, 용을 탄 기악천伎樂天, 해와 달, 별자리들, 흐르는 구름 등을 그렸다. 천장고임 그림의 제재가 매우 다양함을 알 수 있다.

이 다양한 제재를 어떻게 소화했는지 먼저 화면 구성과 그 효과를 살펴보자. 벽화를 보면 제재 사이에 공간적 여유를 두어 화면 구성에 질서를 부여하는 한편, 필요에 따라 제재 사이에 나무나 용, 구름 등을 그려 넣음으로써 화면 전체의 밀도를 조절하고 있다. 때문에 개별 제재의 독자성이 확보되는 동시에 제재 간의 유기적인 관계도 살아나고 있다.

각 제재를 그려내는 기법과 기량에 대해서도 주목할 필요가 있다. 천장고임 2층의 신神들 사이에 그려진 나무는 잎이 가지 끝에 둥근 부채처럼 모여 있고 각기 색깔이 달라 상상 속에서 변형된 존재임을 알 수 있는데, 잎에 농담濃淡을 가하고 있으며, 3층의 흐르는 구름에도 음영陰影이 가해지고 있다. 대상이 지닌 입체감, 괴량감에 대한 관심과 이를 표현하려는 노력의 산물이라고 하겠다. 2층의 사지四肢를 꼿꼿이 세우고 등으로 하늘세계를 떠받치는 용의 탄력 있는 자세, 3층의 옷자락을 나부끼며 피리와 장고의 연주에 몰두하는 기악천伎樂天들의 유연한 몸짓, 천장고임 2층과 3층 신과 천인天人들의 길고 갸름한 얼굴 등은 화공의 정확한 관찰력과 뛰어난 묘사력이 전제된 표현들이다. 모두 앞 시기에 비해 화공의 기량이 크게 향상되었음을 느끼게 하는 부분이다.

그런데 여기에서 오회분4호묘 천장고임 벽화 구성 및 제재와 관련하여 진지하게 살펴봐야 할 것 가운데 하나는 천장고임 2층에 표현된 해와 달의 신을 비롯한 여러 문명신文明神들이다(〈그림 58〉). 3층 기악천들의 경우, 5세기 이래의 내륙아시아 및 북중국을 통한 불교문화 전래의 연장선상에 있는 제재로 이해해도 별 무리가 없으나, 복희·여왜의 모습을 한 해와 달의 신을 비롯한 여러 신들은 문화적 기원이나 조형적 연원 등에서 그 경로가 명확하지 않기 때문이다. 단편적이지만 현재 전하는 고구려 관련 문헌자료에 인신용미형人身龍尾形 해신, 달신에 대한 언급은 보이지 않는다. 불의 신, 대장장이신 등 문명신에 대해서도 마찬가지다. 그렇다고 해서 이들 신을 쉽사리 중국 전래의 신화 전설과 연결시키기도 어렵다.

[그림 58] 오회분4호묘 벽화 해신과 달신 | 벽화에 적용된 기법과 수준으로 보아 해신과 달신 등의 제재는 상당 기간의 내적 소화 과정을 거쳐 고구려적 힘과 분위기를 지닌 존재로 재창조되어 있다. 고구려적 독자성을 뚜렷이 드러내는 대표적 사례다.

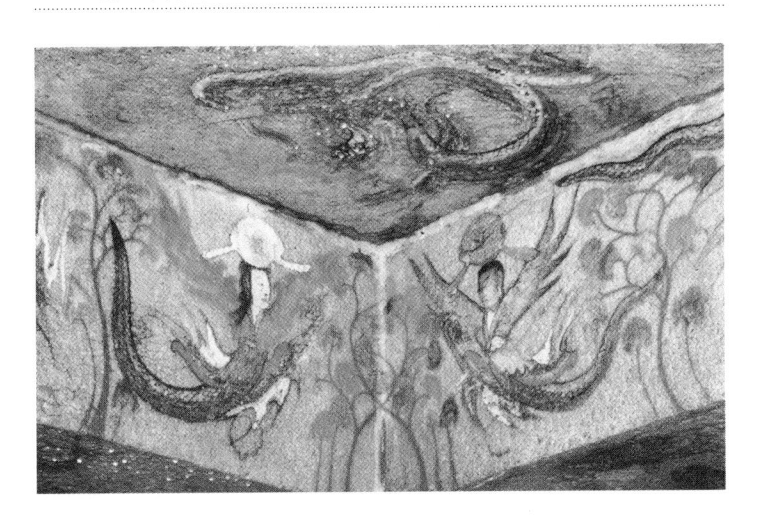

계통상의 다양성 때문에 중국 전래의 신화전설이라는 것 자체를 상정하기도 어려울 뿐 아니라, 벽화에 모습을 드러내고 있는 일부 신들은 조형상 6세기까지 중국에서 조형된 수많은 신화, 전설상의 존재 중에도 비교될 만한 예가 찾아지지 않기 때문이다. 한 가지 확실한 것은 벽화에 적용된 기법과 수준으로 보아 이들 제재는 이미 상당한 기간의 내적 소화 과정을 거쳐 고구려적 힘과 분위기를 지닌 존재로 재창조되어 있다는 사실이다. 오회분4호묘의 복희·여왜형 해신과 달신은 한漢 왕조 이래 중국에서 표현된 같은 제재와 비교할 때, 고구려적인 독자성을 뚜렷이 드러내는 대표적 사례다.[127]

오회분4호묘 널방 천정석을 장식한 황룡黃龍은 오행신앙과 관련이 깊은 사신四神에 오행의 중심을 상징하는 신수를 더하여 오신五

神으로 완성시키는 존재에 해당한다. 고분벽화에서 널방의 천정석 제재가 지니는 비중이나 의미까지 함께 고려한다면 벽화의 '황룡'에 대해서는 무덤 주인공의 정체성, 생전의 사회적 지위나 신분과도 관련 있는 존재라는 해석도 가능해진다.[128] 다만, 오회분4호묘와 고분 규모에서 큰 차이가 나지 않는 통구사신총, 강서대묘 널방 천정석에서도 황룡이 확인되는 반면, 오회분5호묘 널방 천정석에는 청룡과 백호가 얽힌 모습이, 강서중묘에는 활짝 핀 연꽃이 장식되어 있다는 사실을 간과해서는 안 될 것이다.

# 9
# 고분벽화의 보존과 미래

고구려 고분벽화는 고분이라는 특수한 건축물의 일부이자 1300년에서 1700여 년 전에 만들어진 회화 작품이어서 보존과 관리가 대단히 어렵다. 일제 강점기에는 거의 보호의 손길이 미치지 못했고 해방 후 유적을 관리하게 된 북한이나 중국도 여러 가지 이유로 보존과 관리에 인력과 비용을 충분히 투입하지 못하고 있다. 북한은 한국전쟁기에 고구려 벽화고분이 파괴될 것에 대비하여 일일이 실물크기의 고분벽화 모사도模寫圖를 만들게 했지만, 휴전 후에는 전후 복구 사업에 진력하느라, 그 뒤에는 남북 체제 경쟁에 빠져 유적의 유지 · 보존을 위한 제대로 된 투자를 하지 못했다.

# 보존

고구려 고분벽화는 고분이라는 특수한 건축물의 일부이자 1300년에서 1700여 년 전에 만들어진 회화 작품이어서 보존과 관리가 대단히 어렵다. 일제 강점기에는 거의 보호의 손길이 미치지 못했고 해방 후 유적을 관리하게 된 북한이나 중국도 여러 가지 이유로 보존과 관리에 인력과 비용을 충분히 투입하지 못하고 있다. 북한은 한국전쟁기에 고구려 벽화고분이 파괴될 것에 대비하여 일일이 실물크기의 고분벽화 모사도模寫圖를 만들게 했지만, 휴전 후에는 전후 복구 사업에 진력하느라, 그 뒤에는 남북 체제 경쟁에 빠져 유적의 유지·보존을 위한 제대로 된 투자를 하지 못했다. 근래에는 고립 정책으로 심한 경제난에 빠지면서 중요 벽화고분 내부에 유리 및 플라스틱 벽을 설치한 것 외에는 고분 내부의 온습도를 일정하게 유지하기 위한 기본적인 보존 조치조차 취하지 않고 있는 상태다.[129]

해방 후 오랜 기간 고구려 유적을 거의 방치하다시피 했던 중국은 근래 들어 고구려를 동북 지역 지방왕조의 역사로 평가하면서 주요한 고구려 유적은 중점문물 보호단위라고 하여 중앙정부 산하기관에서 직접 관리한다. 그러나 외부의 접근과 연구를 통제하는 측면에서만 중앙정부 관리 대상일 뿐 벽화고분과 같은 민감한 유적을 보존하고 관리하기 위한 인적, 물적 투자는 빈약한 편이다. 때문에 외부에서의 침입과 도난에 대한 대비는 상대적으로 허술하여 1990년대 후반 두 차례에 걸쳐 주요 고분벽화가 훼손, 절취되는 사건을 겪었다.

중국의 고구려 고분벽화 보존을 위한 과학적 처리는 기초적인 수준에 머물러 있다. 1935년 발견 당시 비교적 잘 남아 있던 집안 각저총의 무덤 주인 부부도, 씨름도, 무용총의 사냥도, 무용도 등 벽화의 상당 부분이 백회가 떨어져 나가거나 벽화 안료가 탈색되어 현재는 이전의 상태를 짐작하기 어려운 지경에 이르렀다(《그림 59》).[130] 집안의 오회분5호묘의 경우에는 10여 년 이상 관광객에게 공개하는 바람에 돌방 안의 벽화가 크게 훼손되어 현재는 거의 알아볼 수 없게 되었다.

해방 후 중국과 북한에서 이루어진 고구려 벽화고분 발굴 조사는 발굴 과정과 내용에 대한 자료의 일부만 외부로 공개되었다. 당시의 발굴 여건과 관행으로 보아 벽화 상태에 대한 충분한 검토 및 벽화에 대한 정밀한 사진 촬영이 이루어졌는지도 불확실하고, 관련 자료가 제대로 관리되었는지도 의심스럽다. 발굴 이후 취해

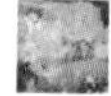
[그림 59] 무용총 벽화 현 상태 | 중국의 고구려 고분벽화 보존을 위한 과학적 처리는 기초적인 수준에 머물러 있다. 벽화의 상당 부분이 백회가 떨어져 나가거나 벽화 안료가 탈색되어 현재는 이전의 상태를 짐작하기 어려운 지경이다.

진 유적 보존 조치에 대해서도 거의 알 수 없다. 보존 조치 이후 벽화의 상태가 시간의 흐름에 따라 어떻게 바뀌었는지, 벽화 보존 상태의 변화 과정이 정기적으로 점검되고 기록되었는지에 대해서도 알기 어렵다. 대다수 고분벽화의 현재의 보존 상태 역시 외부로 알려지지 않고 있다.

## 미래

2004년 7월 북한과 중국의 고구려 벽화고분과 일부 유적이 유네스코 세계문화유산으로 등재되었다. 비록 우여곡절이 있었지만 고구려 유적이 유네스코 세계문화유산에 등재됨으로써 한국 고대사의 주역 가운데 하나인 고구려가 세계적 수준의 문화유산을 남겼음이 국제적으로 공인되었다는 데 큰 의미를 부여할 만하다.[131]

그러나 여기에서 간과하지 말아야 할 것은 고구려 벽화고분의 세계문화유산 등재 추진 활동이 고구려 고분벽화에 깊이 빠져든 일본의 한 노老화가가 중심이 된 민간단체에 의해 시작되었다는 사실이다. 이 단체의 지속적인 노력이 주위의 호응을 얻으면서 추진운동이 탄력을 받게 되었다. 이와 대조적으로 1990년대 초부터 '고구려 열기' 에 빠져든 국내에서는 몇몇 연구자들이 고구려 벽화고분 보존과 관련한 학술적 소견을 표명했을 뿐이다. 정작 이에 호응하면서 국민적 관심의 대상으로 격상시키려는 단체는 거의 나타나지 않았다.

북한 및 중국학계가 고구려 벽화고분의 보존, 관리, 연구와 관련하여 보여주는 기존의 편향적인 태도는 사회주의 국가 특유의 정치·사회적 흐름을 배경으로 한 것이어서 개인적인 노력으로는 해결하기 어렵다. 체제 및 역사관 전반과 관련된 내외의 여러 가지 난제들과 얽혀 있는 문제이기도 하다. '해결' 은 쉽지 않겠지만 이를 위한 '모색' 은 안팎에서 동시에 진행되는 것이 바람직하다. 북한과 중국의 열린 자세, 곧 벽화고분 현황에 대한 정보의 공개와 공유가 우선적으로 이루어져야 하겠지만, 세계적 문화자산이라는 인식 위에 북한, 중국 안의 고구려 벽화고분 보존 관리 방안을 모색하고, 인력, 기술 및 비용을 투입할 의지를 국제학계가 먼저 표명하는 것도 바람직하다. 최소한의 공동 작업 혹은 이를 위해 선결되어야 할 '공동연구 시스템' 을 구축하기 위해서도 고구려 유적에 대한 북한, 중국, 국제학계의 공조와 이를 위한 의지 표명은 필수적이고도 시급하다.

# 주석

[1] 전호태, 〈고구려 고분벽화 연구사〉, 《고구려 고분벽화의 세계》, 서울대학교출판부, 2004.

[2] 돌무지무덤의 발전 과정에 대해서는 강현숙, 〈高句麗 古墳 研究〉, 서울대학교 박사학위논문, 2000 및 정호섭, 《고구려 고분의 조영과 제의》, 서경문화사, 2011 참조.

[3] 오영찬, 《낙랑군 연구—고조선계와 한계의 종족융합을 통한 낙랑인의 형성》, 사계절, 2006.

[4] 小泉顯夫 外, 《樂浪彩篋塚》, 1934.

[5] 낙랑 사회의 성격 변화 과정에 대해서는 오영찬, 《낙랑군 연구—고조선계와 한계의 종족융합을 통한 낙랑인의 형성》 참조.

[6] 전호태, 《화상석 속의 신화와 역사》, 소와당, 2009, 263~271쪽. 한대에는 왕후장상이 죽으면 그 시신에 재생의 상징인 옥玉으로 만든 옷을 해 입히기도 했다. 당시 옥의 한 벌을 마련하는 데 드는 비용은 군국의 1년 예산과 맞먹기도 했다.

[7] 《三國遺事》 卷1 〈奇異〉 第1 '사금갑조射琴匣條' 에 나오는 '까마귀와 쥐' 도 샤머니즘적 사고에 바탕을 둔 길잡이 짐승이다. 물론 이 기사의 말하는 쥐와 길을 인도하는 까마귀는 불교신앙의 확산을 막기 위해 등장한 토착신앙의 신령스런

존재에 해당한다.

[8] 전호태,《고구려 고분벽화 연구》, 사계절, 2000, 29쪽.

[9] 북한학자들은 최근의 발굴 성과를 바탕으로 고구려 고분벽화가 이미 1세기에 출현했다는 견해를 내놓았다(최응선, 〈금옥리 벽화무덤〉,《조선고고연구》 2002년 2기). 필자는 기존의 다양한 편년안과 최근의 벽화고분 발굴 성과를 감안할 때 벽화고분이 늦어도 3세기에는 출현했을 것으로 보고 있다.

[10] 대한제국 말부터 일제 강점기에 이르는 기간, 강서고분군이 조사되는 과정에 대해서는 전호태, 〈고구려 고분벽화—강서대묘 벽화의 현무를 중심으로〉,《한국사 시민강좌》 25, 일조각, 1997 및 早乙女雅博, 〈일본에 있는 고구려 고분벽화 모사模寫—초기 연구의 재평가〉, 서울대학교 박물관 주최 국제학술대회《요령지역의 고대문화》(2001년 10월 9일) 참조.

[11] 太田天洋, 〈朝鮮古墳壁畵の發見に就て〉,《美術新報》第12卷 第4号, 1913.

[12] 2009년 10월 평양 낙랑 구역 동산동 주택 신축 과정에서 동산동벽화분이 발견, 조사, 보고되고(《연합뉴스》 2010년 8월 14일), 2010년 5월 조선사회과학원 고고학연구소에 의해 남포 용강군 옥도리에서 옥도리벽화분이 발굴 조사됨으로써(동북아역사재단 편,《옥도리고구려벽화무덤》, 2011) 2011년 8월까지 확인된 고구려 벽화고분의 숫자는 119기에 이르게 되었다.

[13] 太田天洋, 〈朝鮮古墳壁畵の發見に就て〉.

[14] 전호태, 〈국립중앙박물관 소장 일제 강점기 고구려 고분벽화 모사도론〉,《울산사학》 12, 울산대학교 사학회, 2006.

[15] 早乙女雅博, 〈일본에 있는 고구려 고분벽화 모사模寫—초기 연구의 재평가〉.

[16] 關野貞,《朝鮮の建築と藝術》, 東京: 岩波書店, 1941; 內藤湖南(內藤虎次郎), 〈高句麗 古墳壁畵に就て〉,《支那繪畵史》, 東京: 弘文堂書房, 1938. 일본학계의 고구려 고분벽화 연구 동향에 대해서는 전호태, 〈고구려 고분벽화 연구사〉 참조.

[17] 일본 나라 명일향촌 고송총 벽화는 1972년에 발견, 발굴 조사되었으며, 기토라 고분에 벽화가 있다는 사실이 알려진 것은 1998년이다.

[18] 안악3호분 무덤 주인공의 정체를 둘러싼 논쟁 과정과 내용에 대한 1차 정리는 공석구에 의해 이루어졌다. 孔錫龜, 〈安岳3號墳의 墨書銘에 대한 考察〉, 《歷史學報》 121, 역사학회, 1989. 근래의 종합적인 정리는 전호태, 〈역사의 블랙홀, 동수묘지〉, 한국역사연구회 고대사분과 엮음, 《고대로부터의 통신》, 푸른역사, 2003 참조.

[19] 덕흥리벽화분 묘지명을 둘러싼 논쟁의 상세한 내용은 전호태, 〈고구려는 정말 유주를 지배했는가—유주자사 진묘지〉, 한국역사연구회 고대사분과 엮음, 《고대로부터의 통신》 참조.

[20] 필자는 5세기 장수왕 시대에 건국시조인 동명성왕을 기리기 위한 조치의 일환으로 첫 수도 졸본에 있던 동명성왕릉이 개축되었고 그 결과물이 환인미창구 장군묘일 가능성이 높다고 보고 있다.

[21] 전호태, 〈고구려 중심의 삼국시대관〉, 《한국사 시민강좌》 21, 일조각, 1996; 전호태, 〈중국의 한국고대사 인식과 고구려 고분벽화 연구〉, 《미술사학연구》 258, 한국미술사학회, 2008.

[22] 전호태, 〈역사의 블랙홀, 동수묘지〉.

[23] 전호태, 〈고구려는 정말 유주를 지배했는가—유주자사 진묘지〉.

[24] 필자의 경험은 1990년대 이전까지 고구려 고분벽화 연구가 어떤 여건 위에 이루어졌는지를 잘 드러낸다. 전호태, 〈고구려 고분벽화의 세계로 들어서다〉, 《한국사 시민강좌》 45, 일조각, 2009.

[25] 전호태, 〈고구려 고분벽화 연구사〉.

[26] 전호태, 〈고분벽화란 무엇인가〉, 《고구려 고분벽화의 세계》 2004, 서울대학교 출판부.

[27] 전호태, 〈고구려 안악3호분 재론〉, 《한국고대사연구》 44, 한국고대사학회, 2006.

[28] 전호태, 〈북한 소재 고구려 고분벽화의 보존과 관리방안 연구〉, 《한국고대사연구》 35, 한국고대사학회, 2004.

[29] 유주자사 진의 묘지명 원문과 해석은 전호태, 〈고구려는 정말 유주를 지배했는가-유주자사 진묘지〉 참조.

[30] 전호태, 《고구려 고분벽화 연구》 참조.

[31] 전호태, 〈5세기 고구려의 대내외적 위치와 고구려 문화의 성격〉, 《고구려 고분벽화의 세계》, 서울대학교출판부, 2004.

[32] 노태돈, 《고구려사 연구》, 사계절, 1993; 임기환, 《고구려 정치사 연구》, 한나래, 2004.

[33] 전호태, 《고구려 고분벽화 연구》.

[34] 全虎兌, 〈고구려 삼실총벽화 연구〉, 《역사와현실》 44, 한국역사연구회, 2001.

[35] 전호태, 《고분벽화로 본 고구려 이야기》, 풀빛, 1999.

[36] 전호태, 《고구려 고분벽화 연구》.

[37] 한인덕, 〈평정리벽화무덤 발굴 보고〉, 《조선고고연구》 1989년 2기.

[38] 전호태, 〈6~7세기 고구려의 사회적 과제와 후기 고분벽화의 전개방식〉, 《고구려 고분벽화의 세계》.

[39] 임기환, 《고구려 정치사 연구》.

[40] 全虎兌, 〈高句麗 後期 四神系 古墳壁畵에 보이는 仙·佛 混合的 來世觀〉, 《蔚山史學》 7, 울산대학교 사학과, 1997.

[41] 천왕지신총, 고산리1호분, 평정리벽화분에는 벽화의 한 장면이나 개별 제재 설명을 위한 짧은 묵서가 남아 있다. 수산리벽화분에는 글을 쓰기 위한 띠가 구획되었으나 묵서는 쓰여 있지 않다.

[42] 집안의 장천1호분과 장천2호분은 1996년부터 2000년 사이에 여러 차례에 걸쳐 벽화에 대한 절취가 이루어졌다. 삼실총은 2000년 장천1호분 벽화가 다시 도굴의 손길을 탈 때 제1실 벽 전체, 제3실 벽 한 면이 도난되었다고 한다. 《동아일보》 1997년 3월 28일, 2000년 11월 2일; 《조선일보》 2001년 10월 4일.

[43] 전호태, 〈북한 소재 고구려 고분벽화의 보존과 관리방안 연구〉, 《한국고대사연구》, 한국고대사학회, 2004.

[44] 전호태, 《고구려 고분벽화 연구》, 417~419쪽 고구려 벽화고분 편년비교표 참조.

[45] 전호태, 〈고구려 고분벽화 연구방법론〉, 《고구려 고분벽화의 세계》, 서울대학교출판부, 2004.

[46] 집안과 평양의 문화 성격 차이와 그 원인에 대해서는 전호태, 〈고구려의 五行信仰과 四神圖〉, 《國史館論叢》 48, 國史編纂委員會, 1993 참조.

[47] 전호태, 〈고구려 장천1호분벽화의 서역계 인물〉, 《蔚山史學》 6, 울산대 사학과, 1993 인물복식분석표 참조.

[48] 최원희, 〈고구려 녀자옷에 관한 연구〉, 《문화유산》 1962년 2기; 劉頌玉 〈高句麗服飾研究〉, 《成大論文集》 28, 성균관대학교, 1980 참조.

[49] 임기환, 김미경 등은 낙랑·대방 지역에 대한 고구려의 지배는 4세기 초에서 4세기 말에 이르는 약1세기 동안 단계적으로 진행된 것으로 보고 있다. 林起煥, 〈4세기 고구려의 樂浪·帶方地域 경영—안악3호분·덕흥리고분의 墨書銘 검토를 중심으로〉, 《歷史學報》 147, 역사학회, 1995; 김미경, 〈高句麗의 樂浪·帶方地域 進出과 그 支配形態〉, 《學林》 17, 연세대학교 史學研究會, 1996.

[50] 全虎兌, 〈고구려 각저총 벽화연구〉, 《美術資料》 56, 國立中央博物館, 1996; 全虎兌, 〈고구려 고분벽화의 起源〉, 《강좌 한국고대사》 9, 가락국사적개발연구원, 2003.

[51] 全虎兌, 〈고구려 안악2호분 벽화연구〉, 《한국고대사연구》 54, 한국고대사학회, 2009.

[52] 무덤 널방 벽을 사신으로만 장식한 순수한 사신도 벽화고분은 아직까지 고구려에서만 발견된다. 6세기 중국 남북조南北朝 및 수隨의 고분벽화에는 신선神仙과 유희하는 사신四神이 주로 나타나며 당唐의 고분벽화에서는 청룡, 백호만 표현되거나, 주작까지 묘사되고 현무는 등장하지 않는 것이 일반적이다. 전호태, 〈중국 한~당 고분벽화와 지역문화〉, 《역사문화연구》 33, 한국외국어대학교 역사문화연구소, 2009.

[53] 安輝濬, 〈己未年銘 順興邑內里古墳壁畵의 內容과 意義〉, 文化財硏究所, 《順興邑內里壁畵古墳》, 1986; 東潮, 〈新羅於宿知述干壁畵墳に關する一考察〉, 《東アジアの考古と歷史》上, 1985.

[54] 전호태 〈高句麗 古墳壁畵의 해와 달〉, 《美術資料》 50, 國立中央博物館 1992.

[55] 全虎兌, 《고구려 고분벽화 연구》, 사계절, 2000.

[56] 전호태, 〈고구려 고분벽화에 나타난 하늘연꽃〉, 《美術資料》 46, 國立中央博物館, 1990.

[57] 전호태, 〈5세기 高句麗 古墳壁畵에 나타난 佛敎的 來世觀〉, 《韓國史論》 21, 서울대 국사학과, 1989.

[58] 金元龍, 〈高句麗의 壁畵古墳〉, 《韓國壁畵古墳》, 一志社, 1980; 安輝濬, 〈韓國古代繪畵의 特性과 意義—三國時代 人物畵를 中心으로〉(上), 《美術資料》 41, 국립중앙박물관, 1988.

[59] 全虎兌, 〈고구려 고분벽화의 문화사적 위치〉, 《한국미술의 자생성》, 한길사, 1999.

[60] 전호태, 〈고구려 장천1호분벽화의 서역계 인물〉, 《蔚山史學》 6, 울산대학교 사학과, 1993.

[61] 全虎兌, 〈山西 離石 漢墓 畵像의 乘仙圖〉, 《美術資料》 56, 1995; 全虎兌, 〈漢 畵像石의 西王母〉, 《美術資料》 59, 국립중앙박물관, 1997.

[62] 全虎兌, 〈高句麗 龕神塚壁畵의 西王母〉, 《韓國古代史硏究》 11, 한국고대사학회, 1997.

[63] 吉村怜, 〈南朝天人圖像の北朝周邊諸國への傳播〉, 《佛敎藝術》 159, 佛敎藝術學會, 1985.

[64] 權寧弼, 〈高句麗壁畵의 伏羲·女媧圖〉, 《空間》 207, 1984; 전호태, 〈고구려 고분벽화의 해와 달〉, 《美術資料》 52, 국립중앙박물관, 1992.

[65] 전호태, 〈5세기 高句麗 古墳壁畵에 나타난 佛敎的 來世觀〉, 《韓國史論》 21, 서울대 국사학과, 1989.

[66] 齊藤忠〈高句麗 古墳壁畫にあらわた葬送儀禮について〉,《朝鮮學報》91, 1979; 浦原大作, 〈北アジア諸民族の葬儀における畜殺—シャマニズム研究の一環として〉,《宗教學研究》10, 1980.

[67] 齊藤忠, 〈高句麗 古墳壁畫にあらわた葬送儀禮について〉,《朝鮮學報》91, 1979.

[68] 寒川恒夫, 〈葬禮相撲の系譜〉, 제1회 아시아 민속놀이 국제학술대회 발표요지, 1993년 6월 20~21일, 중앙대학교 한국민속학연구소; 全虎兌, 〈고구려 각저총 벽화연구〉,《美術資料》56, 國立中央博物館, 1996.

[69] 전호태,《고구려 고분벽화 연구》, 사계절, 2000.

[70] 불교적 내세관이 그러한 경우에 해당한다. 전생轉生을 통한 육도윤회六道輪回의 삶이 계속되거나 정토왕생淨土往生을 이루거나 현세의 삶이 반복될 확률은 상대적으로 낮으며, 불교도들 자신은 천계전생天界轉生이나 정토왕생을 소망하기 때문이다.

[71] 전호태,《고구려 고분벽화 연구》, 사계절, 2000.

[72] 전호태, 〈5세기 高句麗 古墳壁畫에 나타난 佛敎的 來世觀〉,《韓國史論》21, 서울대 국사학과, 1989.

[73] 전호태, 〈고분벽화에 나타난 고구려인의 신분관—5세기 집안 지역 고분벽화의 인물도를 중심으로〉, 하일식 외,《한국고대의 신분제와 관등제》, 아카넷, 2000.

[74] 최택선, 〈고구려 사신도무덤의 등급에 대하여〉,《조선고고연구》1987년 3기; 최택선, 〈고구려 사신도무덤의 주인공문제에 대하여〉,《조선고고연구》1988년 1기.

[75] 전호태, 〈고구려 고분벽화에 나타난 하늘연꽃〉,《美術資料》46, 國立中央博物館, 1990.

[76] 安輝濬, 〈韓國古代繪畵의 特性과 意義—三國時代 人物畵를 中心으로〉(下),《美術資料》42, 國立中央博物館, 1988.

[77] 李泰昊, 〈韓國古代山水畫의 發生研究—三國時代 및 統一新羅時代 山岳 및 樹木表現을 中心으로〉, 《美術資料》 38, 국립중앙박물관, 1987.

[78] 전호태, 〈고구려의 五行信仰과 四神圖〉, 《國史館論叢》 48, 국사편찬위원회, 1993.

[79] 집안화파集安畵派는 집안식의 연꽃 표현과 인물 표현이 나타나는 5세기 전반 경에는 이미 성립했을 가능성이 높다. 전호태, 〈고구려 고분벽화에 나타난 하늘연꽃〉, 《美術資料》 46, 國立中央博物館, 1990.

[80] 전호태, 《벽화여, 고구려를 말하라》, 사계절, 2004.

[81] 앞벽, 안벽, 오른벽, 왼벽 등은 무덤 안에서 무덤 입구를 바라보는 시각, 곧 무덤에 묻힌 자의 입장을 기준으로 삼아 붙이는 명칭이다. 무덤 입구의 방향이 남향일 경우, 안벽은 북벽, 서향일 경우, 안벽은 동벽이 된다. 동아시아로 시야를 확대하여 살펴보면 시기나 지역별로 무덤의 구조에 다양한 변화가 있으므로 무덤 구조적 특징을 설명하거나 무덤 안의 특정한 장소를 설명할 때에 기준점 및 기준 방향 설정이 모호해지거나 혼란을 야기할 수도 있다. 이런 어려움이 예상될 경우, 방위를 기준으로 설명하는 것도 한 방법이 될 수 있다.

[82] 안악3호분의 구조와 벽화 내용은 황욱, 《안악제3호분 발굴보고》, 과학원출판사, 1958(《유적발굴보고》 3, 과학원고고학및민속학연구소)을 통해 정리·보고되었다.

[83] 金元龍, 〈高句麗 古墳壁畫의 起源에 대한 研究—古墳美術에 끼친 中國美術의 영향〉, 《震檀學報》 21, 1960(《韓國美術史研究》, 一志社, 1987에 재수록); 金元龍, 《韓國壁畫古墳》, 一志社, 1981; 全虎兌, 〈요양 위진 고분벽화 연구〉, 《美術資料》 62, 국립중앙박물관, 1999.

[84] 永和十三年十月戊子朔十六日 癸丑使持節都督諸軍事 平東將軍護撫夷校尉樂浪相昌黎玄兎帶方太守都 鄕侯幽州遼東平郭 縣都鄕敬上里冬壽字 ㅁ安年六十九薨官(영화永和13년 초하룻날이 무자일戊子日인 10월 26일 계축癸丑에 사지절 도독제군사 평동장군 호무이교위이자 낙랑상이며, 창려·현도·대방태수요 도향후인 유주 요동 평곽현 도향 경상리 출신 동수冬壽는 자字가 ㅁ안ㅁ安인데, 나이 69세로 벼

슬하다 죽었다).

85 황욱, 《안악제3호분발굴보고》(《유적발굴보고》 3, 과학원고고학및민속학연구소), 과학원출판사, 1958.

86 이와 같은 이해를 가능하게 하는 글로는 盧泰敦, 〈羅代의 門客〉, 《한국사연구》 21·22合, 한국사연구회, 1981이 있다.

87 安輝濬, 〈韓國古代繪畫의 特性과 意義—三國時代 人物畫를 中心으로〉 上.下, 《美術資料》 41·42, 국립중앙박물관, 1988.

88 東潮, 〈遼東と高句麗壁畫—墓主圖像の系譜〉, 《朝鮮學報》149, 1993(《高句麗考古學研究》 第一編 八章, 吉川弘文館, 1997 재수록).

89 덕흥리벽화고분의 구조와 벽화 내용 등은 사회과학원, 《덕흥리고구려벽화무덤》, 조선화보사, 1985(1986년 도쿄 고단샤講談社에서 일역 출간)에 자세히 정리·보고되었다.

90 ㅁㅁ郡信都〈縣〉都鄕ㅁ甘里 釋加文佛弟子ㅁㅁ氏鎭仕 位建威將軍〈國〉小大兄 尤將軍 龍壤將軍遼東太守使持 節東〈夷〉校尉幽州刺史鎭 年七十七薨〈叭〉永樂十八年 太歲在戊申十二月辛酉朔十五日 乙酉成遷移玉柩周公相地 孔子擇日武王〈選〉時歲使一 良葬送之後富及七世子孫 番昌仕宦日遷移至侯王 造藏萬功日煞牛羊酒宍米粲 不可盡掃旦食鹽鼓食一椋記 〈之後〉世寓寄無疆(ㅁㅁ군ㅁㅁ郡 신도현信都縣 도향都鄕 ㅁ감리ㅁ甘里 사람으로 석가문불釋迦文佛의 제자인 ㅁㅁ씨ㅁㅁ氏 진鎭은 역임한 관직이 건위장군建威將軍 국소대형國小大兄 우장군尤將軍 용양장군龍驤將軍 요동태수遼東太守 사지절使持節 동이교위東夷校尉 유주자사幽州刺使였다. 진은 77세로 죽어 영락18년 무신년戊申年 초하루가 신유일辛酉日인 12월 25일 을유일乙酉日에 (무덤을) 완성하여 영구를 옮겼다. 주공周公이 땅을 보고 공자孔子가 날을 택했으며 무왕武王이 때를 정했다. 날짜와 시간의 택함이 한결같이 좋으므로 장례 후 부富는 7세에 미쳐 자손이 번창하고 관직도 날마다 올라 자리는 후왕侯王에 이르기를. 무덤을 만드는데 만 명의 공력이 들었고, 날마다 소와 양을 잡아서 술과 고기, 쌀은 먹지 못할 정도다. 아침에 먹을 간장을

한 창고분이나 두었다. 기록하여 후세에 전한다. 무덤을 찾는 이가 끊이지 않기를).

[91] 土居淑子, 〈死者と他界〉, 《古代中國の畫像石》 第四章 二節, 同朋舍, 1986.

[92] 全虎兌, 〈고구려의 五行信仰과 四神圖〉, 《國史館論叢》 48, 국사편찬위원회, 1993.

[93] 全虎兌, 〈회화〉, 국사편찬위원회, 《한국사 8 — 삼국의 문화》, 1998.

[94] 각저총 벽화의 내용과 구성에 대해서는 池內宏·梅原末治, 《通溝》 卷下, 日滿文化協會, 1940, pp.15~20, pl.35~46 참조.

[95] 全虎兌, 〈고구려 각저총벽화 연구〉, 《美術資料》 57, 국립중앙박물관, 1996.

[96] 安金槐.王與剛, 〈河南密縣打虎亭漢代畫像石墓和壁畫墓〉, 《文物》 1972年 10期; 魏殿臣, 〈密縣漢畫簡述〉, 《中原文物》 1983年 特刊.

[97] 寒川恒夫, 〈葬禮相撲の系譜〉, 제1회 아시아 민속놀이 국제학술대회 발표요지, 1993년 6월 20~21일, 중앙대학교 한국민속학연구소; 齊藤忠, 〈高句麗 古墳壁畫にあらわれた葬送儀禮について〉, 《朝鮮學報》 91輯, 1979

[98] 齊藤忠, 〈角抵塚の角抵(相撲)·木·熊·虎とのある畫面について〉, 《壁畫古墳の系譜》 第三章(《日本考古學研究》 二), 學生社, 1989.

[99] 全虎兌, 〈山西 離石 漢墓 畫像의 昇仙圖〉, 《美術資料》 56, 국립중앙박물관, 1995.

[100] 안악2호분의 발굴 과정, 벽화 내용 등에 대해서는 채병서, 《안악제1.2호분발굴보고》(《유적발굴보고》 4, 과학원고고학및민속학연구소), 과학원출판사, 1958 참조.

[101] 전돌길에 대해서는 전호태, 《고구려 고분벽화 읽기》, 서울대학교출판부, 2008 참조.

[102] 쌍영총 벽화의 발굴 조사 과정에 대해서는 關野貞, 〈平壤附近に於ける高句麗時代の墳墓〉, 《建築雜誌》 326號, 1914(《朝鮮の建築と藝術》, 東京: 岩波書店, 1941, pp.279~294 재수록) 참조.

[103] 全虎兌, 〈5세기 高句麗 古墳壁畫에 나타난 佛敎的 來世觀〉, 《韓國史論》 21, 서

울대학교 국사학과, 1989.

104 全虎兌, 〈고구려 고분벽화에 나타난 하늘연꽃〉, 《美術資料》 46, 국립중앙박물관, 1990.

105 무용총 벽화의 내용과 구성에 대해서는 池內宏·梅原末治, 《通溝》 卷下, 日滿文化協會, 1940, pp.5~13, pl.1~34 참조.

106 全虎兌, 〈회화〉, 《한국사 8—삼국의 문화》, 국사편찬위원회, 1998.

107 安輝濬, 〈韓國山水畫의 發達研究〉, 《美術資料》 26, 1980(《韓國繪畫의 傳統》, 文藝出版社, 1988에 재수록).

108 安輝濬, 〈삼국시대 및 통일신라시대의 회화〉, 《韓國繪畫史》, 一志社, 1980.

109 李泰浩, 〈韓國古代山水畫의 發生研究—三國時代 및 統一新羅時代 山岳 및 樹木表現을 中心으로〉, 《美術資料》 38, 국립중앙박물관, 1987.

110 全虎兌, 〈고구려의 五行信仰과 四神圖〉, 《國史館論叢》 48, 국립중앙박물관, 1993.

111 장천1호분은 吉林省文物工作隊·集安縣文物保管所, 〈集安長川1號壁畫墓〉, 《東北考古與歷史》 1, 1982을 통해 정리·보고되었다.

112 全虎兌, 〈회화〉, 《한국사 8—삼국의 문화》, 국사편찬위원회, 1998.

113 전호태, 〈고구려 장천1호분벽화의 서역계 인물〉, 《蔚山史學》 6, 울산대학교 사학과, 1993.

114 전호태, 〈고분벽화에 나타난 고구려인의 신분관—5세기 집안 지역 고분벽화의 인물도를 중심으로〉, 하일식 외, 《한국고대의 신분제와 관등제》, 아카넷, 2000.

115 全虎兌, 〈고구려 고분벽화에 나타난 하늘연꽃〉, 《美術資料》 46, 국립중앙박물관, 1990.

116 전호태, 〈고구려 장천1호분벽화의 서역계 인물〉, 《蔚山史學》 6, 울산대학교 사학과, 1993.

117 全虎兌 〈고구려 고분벽화에 나타난 하늘연꽃〉, 《美術資料》 46, 국립중앙박물관

관, 1990.

118 진파리4호분에 대한 보고 및 도판은 전주농, 〈전동명왕릉부근벽화무덤〉, 《각지유적정리보고》(과학원고고학및민속학연구소, 《고고학자료집》 3), 과학원출판사, 1963, pp.171~188, pl.90~96 참조.

119 吉村怜, 〈南朝天人圖像の北朝及ひ周邊諸國への傳波〉, 《佛敎藝術》 159, 1985.

120 강서대묘에 대한 보고 및 도판으로는 朝鮮總督府, 《朝鮮古蹟圖譜》 一, 名著出版社(關野貞 外), 1915, pl.630~645; 李王職 發行, 《朝鮮古墳壁畵集》, 1916, pl.41~54 참조.

121 〈그림 21〉 참조.

122 全虎兌, 〈고구려의 五行信仰과 四神圖〉, 《國史館論叢》 48, 국사편찬위원회, 1993.

123 安輝濬, 〈韓國山水畵의 發達硏究〉, 《美術資料》 26, 국립중앙박물관, 1980.

124 오회분4호묘에 대한 보고 및 도판으로는 吉林省博物館(李殿福·方起東), 〈吉林輯安五盔墳四號和五號墓淸理略記〉, 《考古》1964年2期와 吉林省文物工作隊(李殿福), 〈吉林集安五盔墳四號墓〉, 《考古學報》 1984年1期 참조.

125 全虎兌, 〈고구려의 五行信仰과 四神圖〉, 《國史館論叢》 48, 국사편찬위원회, 1993.

126 김진순은 오회분5호묘, 오회분4호묘 벽화가 양식적으로 중국 북조와 관련이 깊으며, '귀갑형당초문' 자체는 북위北魏에서 유행했던 모티프임을 논증했다. 金鎭順, 〈集安五盔墳4·5號墓壁畵硏究〉, 홍익대학교 석사학위논문, 1997.

127 權寧弼, 〈高句麗壁畵의 伏羲·女媧圖〉, 《空間》 207(1984-9), 1984; 全虎兌, 〈고구려 고분벽화의 해와 달〉, 《美術資料》 50, 국립중앙박물관, 1992.

128 최택선, 〈고구려 사신도무덤의 주인공 문제에 대하여〉, 《조선고고연구》 1988년 1기; 손수호, 《고구려 고분 연구》, 사회과학출판사, 2001.

129 全虎兌, 〈북한 소재 고구려 벽화고분의 보존과 관리—세계문화유산 등재신청 유적을 중심으로〉, 《韓國古代史硏究》 25, 한국고대사학회, 2002.

[130] 일제 강점기 조사 과정에도 보존과 관련된 조치가 뒤따르지 않아 발굴 및 벽화 모사 작업 자체가 벽화 손상의 원인으로 작용하기도 했다. 일본인 오바 쓰네키치小場恒吉는 1914년 9월 8일부터 쌍영총, 안성동대총(용강대묘), 화상리 대연화총(감신총), 화상리 성총의 모사를 했는데, 11월에 진행된 대연화총 벽화 모사 때에는 추위를 이기기 위해 석실 안에서 솔잎으로 불을 피우며 작업을 해나갔다고 한다. 早乙女雅博, 〈일본에 있는 고구려 고분벽화 모사模寫—초기 연구의 재평가〉, 서울대학교 박물관 주최 국제학술대회 《요령지역의 고대문화》 2001년 10월 9일 발표요지.

[131] 전호태, 〈북한 소재 고구려 고분벽화의 보존과 관리방안 연구〉, 《한국고대사연구》 35, 한국고대사학회, 2004.

# 참고문헌

## 1. 조사보고서

동북아역사재단 엮음, 《옥도리고구려벽화무덤》, 2011

북한의 조선사회과학원 고고학연구소가 2010년 5월 20일부터 6월 24일까지 진행한 남포시 용강군 옥도리 일대에 있는 역사유적에 대해 발굴 조사한 결과를 담은 2권의 보고서 가운데 벽화고분에 대한 것이다. 부록으로 2009년 하반기에 평양시 낙랑구역 동산동에서 발견된 고구려 벽화무덤의 발굴 정황을 실었다.

사회과학원, 《덕흥리고구려벽화무덤》, 조선화보사, 1985(1986년 도쿄 고단샤講談社에서 일역 출간)

1976년 발견된 덕흥리벽화분에 대한 종합발굴보고서. 덕흥리벽화분의 발견 경위, 무덤 구조, 벽화 내용을 상세히 정리했으며, 5편의 연구논문을 덧붙였다.

전주농, 〈전동명왕릉부근벽화무덤〉, 《각지유적정리보고》, 과학원출판사, 1963(과학원고고학및민속학연구소, 《고고학자료집》 3)

전동명왕릉 일대의 고구려 고분 조사 성과 가운데 벽화고분에 대한 것을 종합 정리한 글로 진파리1호분과 진파리4호분의 무덤 구조, 벽화 내용을 상세히 소개했다.

채병서, 《안악제1·2호분발굴보고》, 과학원출판사, 1958(《유적발굴보고》4, 과학원고고학및민속학연구소)

1949년 발견, 조사된 안악고분군 가운데 안악1호분과 안악2호분에 대한 종합발굴보고서. 안악1·2호분의 무덤 구조, 벽화 내용이 상세히 정리되었다.

최응선, 〈금옥리 벽화무덤〉, 《조선고고연구》 2002년 2기

금옥리 벽화무덤의 조사 보고에 해당하는 글로 금옥리 벽화무덤이 고구려 벽화고분의 자체적인 발생 과정을 확인시켜주는 귀중한 유적이라는 입장. 금옥리 벽화무덤이 1세기 말에 축조되었다는 입장을 제시했으나 한국 및 일본학계에서는 이런 편년에 회의적이다.

한인덕, 〈평정리벽화무덤발굴보고〉, 《조선고고연구》 1989년 2기

안악 지역 평정리에서 발굴된 벽화고분의 무덤 구조, 벽화 내용 등에 대한 발굴보고. 보고자는 평정리벽화분을 6세기의 작품으로 보았다.

황욱, 《안악제3호분발굴보고》, 과학원출판사, 1958(《유적발굴보고》 3, 과학원고고학및민속학연구소)

안악3호분의 발견 및 조사에 대한 발굴보고서. 안악3호분의 무덤 구조, 벽화 내용이 상세히 정리되었다.

吉林省博物館(李殿福·方起東), 〈吉林輯安五盔墳四號和五號墓淸理略記〉, 《考古》 1964年 2期

집안 오회분4호묘와 오회분5호묘 조사 경과 및 조사 내용을 상세히 담은 조사보고서.

吉林省文物工作隊·集安縣文物保管所, 〈集安長川1號壁畫墓〉, 《東北考古與歷史》 1, 1982

1978년 발견된 집안 장천1호분의 무덤 구조, 벽화 내용을 상세히 정리한 발굴보고서.

吉林省文物工作隊(李殿福), 〈吉林集安五盔墳四號墓〉, 《考古學報》 1984年 1期

집안 오회분4호묘 재조사를 통해 밝혀진 사실들을 정리한 글.

安金槐·王與剛,〈河南密縣打虎亭漢代畫像石墓和壁畫墓〉, 《文物》 1972年 10期

중국 하남성 밀현에서 발견된 한대 화상석무덤 및 벽화무덤에 대한 발굴 조사보고서.

小泉顯夫 外,《樂浪彩篋塚》, 1934

1931년 진행된 평양 남정리116호분(낙랑 채협총)의 발굴 조사 결과를 담은 조사보고서다. 채협총 출토 유물은 현재 국립중앙박물관에 보관되어 있다.

朝鮮總督府, 《朝鮮古蹟圖譜》 一, 名著出版社(關野貞 外), 1915

평양 일대 고구려 유적의 조사 결과를 담은 보고서로 강서대묘, 강서중묘, 강서소묘 등 강서고분군의 조사 결과 및 도면, 벽화 사진 등도 실었다.

池內宏·梅原末治, 《通溝》 卷下, 日滿文化協會, 1940

1935년 발굴 조사된 각저총과 무용총을 비롯하여 집안 지역에서 발견된 고구려 벽화고분들에 대한 조사보고서.

## 2. 저서

강현숙, 〈高句麗 古墳硏究〉, 서울대학교 박사학위논문, 2000
고구려 고분, 특히 적석총의 발전 과정을 상세히 다루었다.

金元龍, 《韓國壁畵古墳》, 一志社, 1980
한국의 벽화고분 전반을 다룬 대표적인 개설서다. 1. 고구려의 벽화고분, 2. 백제의 벽화고분, 3. 고신라 및 가야의 벽화고분, 4. 통일신라시대의 벽화고분, 5. 고려의 벽화고분, 6. 결어로 구성되었으나, 책 내용의 대부분은 고구려 벽화고분에 대한 설명이다.

노태돈, 《고구려사연구》, 사계절, 1999
고구려사의 전 시기를 아우른 국내외 최초의 개설서다. 다음과 같이 4부로 나뉘었으며, 각 부는 3개 전후의 장으로 구성되었다. 1부 주몽설화와 고구려 초기의 왕계(1장 주몽설화와 계루부의 기원, 2장 초기 왕계의 구성), 2부 고구려 초기의 정치체제와 사회(1장 부체제의 성립과 그 구조, 2장 취수혼과 친족집단), 3부 영역국가 체제의 형성과 대외관계(1장 지방제도의 형성과 그 변천, 2장 5~6세기 동아시아 국제정세와 고구려의 대외관계, 3장 금석문에 보이는 고구려인의 천하관), 4부 귀족연립정권의 성립(1장 6세기 중반의 정세변동, 2장 귀족연립정권과 연개소문의 정변).

安輝濬, 《韓國繪畵史》, 一志社, 1980
한국 회화의 역사 전반을 다룬 책. 고구려 고분벽화가 고대 회화의 형성과 발전에 주요한 역할을 담당했음을 강조했다.

오영찬, 《낙랑군연구—고조선계와 한계의 종족융합을 통한 낙랑인의 형성》, 사계절, 2006

최근에서야 정리되기 시작한 일제 강점기 발굴 조사 자료와 해방 후 북한의 조사 성과 등의 고고학 자료를 바탕으로 낙랑군의 역사적 성격에 대한 연구를 본격적으로 시도한 책이다. 1970년대 이후 중국에서 발굴된 한대 분묘와의 비교를 통해 중원 문화와 낙랑 문화의 차이점과 유사점을 짚어내고 낙랑군의 독자성을 밝힌 점이 주목된다. 본문은 3부로 구성되었고 보론으로 국립중앙박물관 소장 낙랑고분 자료와 연구 현황을 실었다. 3부는 다음과 같다. 1부 낙랑군 설치와 위만조선 유민의 편제(1장 한의 동방정책과 위만조선, 2장 한군현하 위만조선 유민의 동향), 2부 낙랑군의 통치 구조와 지배 세력(1장 낙랑군의 통치 구조, 2장 귀틀묘의 성립과 지배 세력 간의 동화, 3장 낙랑인의 등장), 3부 중국 왕조의 동요와 낙랑·대방군의 변화 추이(1장 공손씨 정권의 대방군 설치, 2장 전실묘의 등장과 지배 세력, 3장 낙랑·대방군의 변동).

임기환, 《고구려 정치사 연구》, 한나래, 2004

고구려의 정치사적 흐름을 개괄한 책. 전체 3부로 구성되었다. 1부 나부 체제의 성립과 변천, 2부 집권적 관료 체제의 전개, 3부 귀족 연립 체제로의 변동 그리고 멸망.

전호태, 《고분벽화로 본 고구려 이야기》, 풀빛, 1999

고분벽화 및 주요 유적과 유물을 통해 고구려의 역사와 문화 전반을 설명하려 한 개설서. 다음과 같이 4개의 부로 구성되었으며, 각부는 3개 전후의 장으로 나뉘었다. 1부 역사(1장 고구려적 천하의 성립과 전개, 2장 전쟁과 교섭, 3장 남긴 것들), 2부 신화(1장 천신의 자손, 2장 하늘세계와 가족들), 3부 종교(1장 불교의 전래와 새로운 내세, 2장 음양오행론과 사신신앙), 4부 삶(1장 사람들, 2장 건물, 3장 옷 입기와 꾸밈새, 4장 먹거리, 5장 놀이, 사냥, 악기, 수레)

전호태, 《고구려 고분벽화 연구》, 사계절, 2000

고구려 고분벽화 제재와 구성, 표현 기법의 변화가 고구려인의 내세관 및 역사문화적 환경의 변화와 맞물려 전개된다는 시각을 바탕으로 고구려 고분벽화 전개과정과 그 바탕이 된 내세관의 변화 과정 전반을 다루었다. 본문은 서론, 1부 생활풍속계 고분벽화의 전개와 계세적 내세관, 2부 장식무늬계 고분벽화의 등장과 전생적 내세관, 3부 사신계 고분벽화와 선·불 혼합적 내세관, 결론 다양한 내세관의 수용과 융합으로 구성되었다. 부록으로 벽화고분의 분포와 벽화 구성을 붙여 고구려 벽화고분의 현황에 대한 상세한 정보를 정리하여 실음으로써 고구려 벽화고분에 대한 기본적인 접근이 가능하도록 했다.

전호태, 《고구려 고분벽화의 세계》, 서울대학교출판부, 2004

고구려 고분벽화에 대한 개론적인 이해를 돕기 위해 고분벽화의 정의부터 벽화와 발전 과정 전반과 연구방법론까지 다루었다. 본문은 9장으로 구성되었다. 제1장 고분벽화란 무엇인가, 제2장 중국 장의미술의 동북아시아로의 파급, 제3장 고구려의 성립과 대외관계, 제4장 고구려 고분벽화의 분포와 현황, 제5장 초기 고구려 고분벽화의 특징, 제6장 5세기 고구려의 대내외적 위치와 고구려 문화의 성격, 제7장 중기 고구려 고분벽화의 세계, 제8장 6~7세기 고구려의 사회적 과제와 후기 고분벽화의 전개방식, 제9장 고구려 고분벽화의 현재와 내일. 부록에는 1. 고구려 고분벽화 연구사, 2. 고구려 고분벽화 연구방법론, 3. 고구려 고분벽화 제재의 구성과 배치, 4. 고구려 고분벽화 연구문헌목록을 실었다.

전호태, 《벽화여, 고구려를 말하라》, 사계절, 2004

벽화 한 장면을 주제로 각각 한 소절을 구성하여, 그 장면의 발굴 이야기에서부터 학계에 불러일으킨 논쟁, 중국 혹은 서아시아 지역과의 교류, 신화, 과학기술, 역사 등 벽화가 함축하고 있는 의미들을 정리했다. 31개의 테마를 4부에 나누어 담았으며 부록으로 고구려 문화와 고분벽화의 시기별 상관관계에 대해 정리한 글을 덧붙였다. 4부는 다음과 같다. 1부 다시 누리는 부귀영화, 2부 신과의 만남, 3부 하늘세계의 모습과 삶, 4부 새 우주의 어제, 오늘, 내일.

전호태, 《고구려 고분벽화 읽기》, 서울대학교출판부, 2008

고구려 역사와 문화를 읽기에 적합한 장면 39개를 고분벽화에서 뽑아 알기 쉽게 풀어쓴 책. 39개의 테마는 다음과 같이 4개의 부로 나뉘어 묶였다. 1부 고구려 귀족의 집 둘러보기, 2부 국내와 평양 거리의 사람들, 3부 하늘세계 그림과 이야기, 4부 옛무덤에서 마주친 정토 소망과 사신.

전호태, 《화상석 속의 신화와 역사》, 소와당, 2009

한 화상석을 통해 한의 역사와 문화, 관념과 종교에 대한 접근을 시도했다. 39개의 세부적인 테마를 5부로 나누어 묶었다. 5부는 1부 신들의 공간, 2부 불사의 꿈, 3부 시대의 나침반, 4부 역사의 불빛, 5부 즐거운 세상으로 구성되었으며, 중국 주요유적지의 박물관과 미술관 소장 화상석을 직접 촬영한 사진들을 도판으로 제공하고 있다.

정호섭, 《고구려 고분의 조영과 제의》, 서경문화사, 2011

고구려에서 적석총을 조성하던 시기와 벽화고분을 축조하던 시기의 신앙과 제의에 변화가 있다는 시각을 바탕으로 관련 자료를 수집, 정리, 분석한 책. 다음과 같은 순서로 정리되었다. Ⅰ. 서론, Ⅱ. 고구려의 대형 적석총, Ⅲ. 고구려의 벽화고분, Ⅳ. 고구려 고분을 통해 본 신앙과 제의.

손수호, 《고구려 고분 연구》, 사회과학출판사, 2001

고구려 고분의 독자적인 발전 과정을 정리한 책. 제1장 돌각담무덤, 제2장 돌칸흙무덤, 제3장 무덤벽화의 순서로 정리되었다.

關野貞, 《朝鮮の建築と藝術》, 東京: 岩波書店, 1941

한국고대 유적 전반을 다루고 있지만, 고구려 고분벽화를 중국 고중세 회화의 아류로 일본학자의 시각을 잘 드러내는 책. 저자 세키노 타다시는 조선총독부의 의

뢰를 받아 한국 고대 유적·유물의 현장 조사 및 발굴 조사를 주관했던 건축학자이자 동양학자로, 동아시아 대부분의 지역을 답사하며 현장 발굴 조사를 병행했다. 한국 고대 유적, 특히 고구려 벽화고분도 거의 대부분 세키노 타다시의 주관 아래 발굴 조사되었다.

濟藤忠, 《壁畵古墳の系譜》(《日本考古學硏究》 二), 學生社, 1989
일본 벽화고분의 정리와 분석을 시도하면서 문화계통상 일본 벽화고분의 원류로 여겨지는 고구려 고분벽화에 대해 함께 언급한 글들로 구성된 책. 집안 각저총 벽화 속의 곰과 호랑이가 단군신화와 관련 있는 존재일 가능성을 지적했다.

土居淑子, 《古代中國の畵像石》, 同朋舍, 1986
중국 한 화상석의 출현과 전개 과정 전반을 다룬 책. 화상석 제재가 주로 죽은 자의 혼이 내세로의 긴 여행을 떠난다는 관념과 관련된 것이라는 입장을 바탕으로 글이 쓰였다.

### 3. 논문

孔錫龜, 〈安岳3號墳의 墨書銘에 대한 考察〉, 《歷史學報》 121, 역사학회, 1989
안악3호분 묵서명 해석을 둘러싼 국제적인 논쟁이 어떻게 펼쳐졌는지를 정리하면서 연구자가 묵서명의 주인공인 동수를 무덤 주인공으로 보는 이유를 논리적으로 제시한 글.

김미경, 〈高句麗의 樂浪·帶方地域 進出과 그 支配形態〉, 《學林》 17, 연세대학교 史學硏究會, 1996
고구려가 낙랑군, 대방군을 멸망시키고 이 지역을 영역으로 편입한 뒤, 중국계 망명자 등을 지역 행정 책임자로 내세우는 간접적인 통치 단계를 거쳐 직접적인 지배 단계로 나아갔음을 논증한 글.

金鎭順, 〈集安五盔墳4·5號墓壁畵硏究〉, 홍익대학교 석사학위논문, 1997
집안 오회분4호묘, 오회분5호묘 벽화 내용의 분석을 통해 두 무덤의 벽화가 같은 시기 중국 북조 문화의 흐름과 깊은 관련이 있음을 논증한 글.

金元龍, 〈高句麗 古墳壁畵의 起源에 대한 硏究—古墳美術에 끼친 中國美術의 영향〉, 《震檀學報》 21, 1960(《韓國美術史硏究》, 一志社, 1987에 재수록)
고구려 고분벽화가 중국 한~위·진시대 장의미술의 영향을 받았음을 논증한 글.

權寧弼, 〈高句麗壁畵의 伏羲·女媧圖〉, 《空間》 207(1984-9), 1984
고구려 후기 집안 지역 고분벽화에 등장하는 해신과 달신이 중앙아시아 지역의 복희, 여왜의 표현 및 관념의 영향을 받았을 가능성이 크다는 견해를 제시한 글.

盧泰敦, 〈羅代의 門客〉, 《한국사연구》 21·22合, 한국사연구회, 1981
신라하대에 이르면 개인이 부部와 같은 공동체의 일원이 아니라 가문의 대표 혹은 독립적인 가호를 이루는 존재로 인식되어 개인을 나타낼 때에 성과 이름 앞에 소속 부를 표시하는 관행이 사라짐을 논증한 글.

安輝濬, 〈韓國山水畵의 發達硏究〉, 《美術資料》 26, 국립중앙박물관, 1980(《韓國繪畵의 傳統》 文藝出版社, 1988에 재수록)
한국 산수화의 발달 과정을 살펴보면서 그 출발점을 고구려 고분벽화에서 찾은 글.

安輝濬, 〈己未年銘 順興邑內里古墳壁畵의 內容과 意義〉, 文化財硏究所, 《順興邑內里壁畵古墳》, 1986

순흥 읍내리 벽화고분 발굴보고서에 실린 고분벽화 분석 글. 읍내리 고분벽화가 고구려 고분벽화의 영향을 받았음을 벽화 내용 분석을 통해 밝히고자 했다.

安輝濬, 〈韓國古代繪畵의 特性과 意義—三國時代 人物畵를 中心으로〉(上), 《美術資料》 41, 국립중앙박물관, 1988

한국 고대 인물화의 발전 과정을 다룬 긴 논문 가운데 앞부분에 해당한다. 주로 고구려 고분벽화의 인물도를 분석한 내용으로 채워졌다. 평양 지역 고분벽화 인물도가 중국 인물화의 영향을 강하게 받았음을 지적하고 있다.

劉頌玉, 〈高句麗服飾研究〉, 《成大論文集》 28, 성균관대학교, 1980

고구려 고분벽화의 인물도로 확인되는 복식 자료를 총정리했다. 고구려 복식을 크게 집안계열과 평양계열로 나누고 각각 고구려 고유의 문화, 중국 문화와 계통상 닿아 있다는 점을 지적했다.

李泰昊, 〈韓國古代山水畵의 發生研究—三國時代 및 統一新羅時代 山岳 및 樹木表現을 中心으로〉, 《美術資料》 38, 국립중앙박물관, 1987

삼국시대 및 통일신라시대 산수화 자료들을 정리하면서 한국 고대의 산수화 발생, 발전 과정을 추적한 글. 내용의 많은 부분이 고구려 고분벽화 속의 산수화 표현에 대한 분석으로 채워졌다. 한국 산수화의 조형이 고구려 고분벽화에서 비롯된다는 시각을 바탕에 깔고 논지를 전개하고 있다.

林起煥, 〈4세기 고구려의 樂浪·帶方地域 경영—안악3호분·덕흥리고분의 墨書銘 검토를 중심으로〉, 《歷史學報》 147, 역사학회, 1995

안악3호분과 덕흥리벽화분의 묵서명 분석을 바탕으로 고구려가 낙랑군과 대방군을 멸망시킨 뒤 이 지역을 어떻게 다스렸는지를 추적한 글. 연구자는 두 벽화고분의 주인공을 각각 망명한 전연의 고위관리 동수, 후연 출신의 진으로 보고 이들이 고구려왕으로부터 낙랑, 대방 고지의 행정을 위임받아 중국계 주민들을 안정시키는 역할을 담당했다고 보았다.

전호태, 〈5세기 高句麗 古墳壁畫에 나타난 佛敎的 來世觀〉, 《韓國史論》 21, 서울대 국사학과, 1989

5세기 고구려 고분벽화에서 연꽃 및 불교 관련 표현의 사례가 빈번해지고 벽화 내 불교 제재의 비중이 높아지는 현상에 주목하여 이를 불교적 내세관이 계세적 내세관을 대체해나가는 과정으로 이해하고 정리한 글.

전호태, 〈고구려 고분벽화에 나타난 하늘연꽃〉, 《美術資料》 46, 國立中央博物館, 1990

4세기부터 7세기까지 고구려 고분벽화에 표현된 연꽃의 비중이 높아지는 과정을 상세히 추적하면서 이를 '연화정토'로의 왕생을 추구하는 내세관의 수용 및 확산 과정으로 설명한 글. 연꽃 표현과 벽화 내 비중 변화 방식상 집안과 평양 사이에 차이가 발생하는 이유를 두 지역 간 정치사회적 동향 및 문화전통상의 상이성에서 비롯된 것으로 이해했다.

전호태, 〈高句麗 古墳壁畫의 해와 달〉, 《美術資料》 50, 國立中央博物館, 1992

고구려 벽화고분 무덤칸 천장에 해와 달이 표현되는 방식에서 지역별, 시기별, 유형별 차이가 있음을 밝히면서 중국 장의미술과는 다른 고구려식 흐름이 있음을 밝힌 글.

전호태, 〈고구려의 五行信仰과 四神圖〉, 《國史館論叢》 48(國史編纂委員會), 1993

고구려 고분벽화의 사신도가 춘추전국 이래 중국에서 유행하고 발전을 보았던 음양오행설 및 풍수지리설과 깊은 관련이 있다는 사실에 주목하여 관련 자료 전반을 정리하면서 고구려에서 오행신앙이 수용, 전개되는 과정을 밝힌 글.

전호태, 〈고구려 장천1호분벽화의 서역계 인물〉, 《蔚山史學》 6, 울산대학교 사학과, 1993

고구려의 장천1호분 벽화에 눈이 크고 코가 높은 서역계 인물이 다수 그려진 것과 서역에서 기원한 문물이나 회화적 기법이 벽화를 통해 확인되는 것은 별개라는 입장을 밝힌 글. 고구려가 초원의 길을 통해 중앙아시아 지역과 직접 접촉하면서 불교문화 및 서아시아·인도 문화와 접촉한 것은 사실이지만 벽화 속의 서역계 인물은 다수가 중국의 분열과 혼란 속에서 동방으로 흘러든 갈족 계통 유이민일 가능성이 높다는 견해를 제시했다.

全虎兌, 〈山西 離石 漢墓 畵像의 乘仙圖〉, 《美術資料》 56, 1995

중국의 산서성 이석 마무장에서 다수 발견된 한화상석묘의 화상 제재 분석을 통해 한대 중국에서 서왕모신앙과 승선관昇仙觀이 어떻게 변방 지역까지 확산되었는지를 추적한 글.

全虎兌, 〈고구려 각저총벽화 연구〉, 《美術資料》 57, 국립중앙박물관, 1996

집안 각저총의 무덤 구조와 벽화 내용 분석을 통해 집안 지역 초기 고분벽화가 독자적인 문화전통을 바탕으로 외래의 문화 요소를 수용, 소화하고 있었음을 밝힌 글.

전호태, 〈고구려 중심의 삼국시대관〉, 《한국사시민강좌》 21, 일조각, 1996

북한에서 고구려 중심의 정통론이 성립하고 발전하는 과정에 주목한 글. 북한학계가 삼국시대의 주역 국가들에 대한 객관적 접근과 이해를 시도하기보다는 전근대적 정통론에 입각하여 고구려사 중심으로 삼국시대사를 재정리하려는 편협한 태도를 보여줌으로써 균형적인 역사인식과 서술에 실패하고 있다는 사실을 지적했다.

全虎兌, 〈高句麗 龜神塚壁畵의 西王母〉, 《韓國古代史硏究》 11, 한국고대사학회, 1997

일제 강점기 남포 지역에서 발견, 조사된 감신총의 고분 구조와 벽화 제재를 검토하면서 4세기에 고구려의 영역으로 편입된 낙랑 사회에 중국 한대 문화에 바탕을 둔 종교관과 내세관이 남아 있다가 5세기로 편년되는 고분벽화의 제재 구성에도 영향을 끼쳤음을 지적한 글. 감신총 벽화에 그려진 정체불명의 인물상 가운데 하나가 서왕모라는 사실을 밝혔다.

전호태, 〈고구려 고분벽화—강서대묘 벽화의 현무를 중심으로〉, 《한국사시민강좌》 25, 일조각, 1997
강서대묘 벽화가 재발견, 재평가되는 과정을 추적하여 밝히면서 벽화 속의 현무도가 고구려 및 동아시아 문화의 전개 과정에 지니고 있는 회화사적, 문화사적 위치를 재인식시킨 글.

全虎兌, 〈高句麗 後期 四神系 古墳壁畵에 보이는 仙·佛 混合的 來世觀〉, 《蔚山史學》 7, 울산대학교 사학과, 1997
고구려 후기 고분벽화에서 단일한 주제로 등장하는 사신도의 표현 사례를 상세히 정리하면서 집안 지역과 평양 지역 사이에 문화적 동향의 차이가 존재했지만 선仙·불佛 혼합적混合的 내세관來世觀에 바탕을 둔 벽화 구성이라는 점에서 두 지역이 크게 다르지 않다는 사실을 밝힌 글.

全虎兌, 〈漢 畵像石의 西王母〉, 《美術資料》 59, 국립중앙박물관, 1997
중국 화상석에 서왕모가 표현되는 방식에 지역별, 시기별 차이가 있음을 지적하면서 한대에 유행한 서왕모신앙이 중국 전역에 영향을 끼치지만 지역 문화의 차이로 말미암아 미술적 표현 양식에는 차이가 발생한다는 사실을 논증한 글.

全虎兌, 〈회화〉, 국사편찬위원회, 《한국사 8—삼국의 문화》, 1998
삼국시대 회화 전반을 다룬 글. 주로 고구려 고분벽화의 시기별 전개 과정이 언급되었다.

全虎兌, 〈고구려 고분벽화의 문화사적 위치〉, 《한국미술의 자생성》, 한길사, 1999
**고구려 고분벽화가 고구려 문화의 전개 과정을 잘 반영하고 있다는 입장을 바탕으로 4세기부터 7세기 사이의 주요한 고분벽화들을 정리, 분석했다.**

全虎兌, 〈요양 위진 고분벽화 연구〉, 《美術資料》 62, 국립중앙박물관, 1999
**요양에 다수 축조된 위·진시대 고분벽화의 유형을 분류하고 편년을 시도한 글.**

전호태, 〈고분벽화에 나타난 고구려인의 신분관—5세기 집안 지역 고분벽화의 인물도를 중심으로〉, 하일식 외, 《한국고대의 신분제와 관등제》, 아카넷, 2000
**5세기 집안 지역 고분벽화의 인물도를 정리, 분석하여 고구려인의 신분과 지위에 대한 인식이 5세기에 들어서면서 커다란 변화를 보인다는 사실을 논증한 글. 연구자는 신분, 지위에 대한 인식이 고분벽화 인물도의 표현 방식에 영향을 주었다는 시각을 바탕으로 연구를 진행했다.**

全虎兌, 〈고구려 삼실총벽화 연구〉, 《역사와현실》 44, 한국역사연구회, 2001
**5세기에 축조된 삼실총 고분 구조와 벽화 내용 분석을 통해 고구려가 중앙아시아 지역과의 교류를 통해 우주역사나 장고, 비파 같이 중앙아시아 및 서아시아·인도에서 유래한 관념과 표현을 받아들였음을 밝힌 글.**

全虎兌, 〈북한 소재 고구려 벽화고분의 보존과 관리—세계문화유산 등재신청 유적을 중심으로〉, 《韓國古代史硏究》 25, 한국고대사학회, 2002
**북한이 유네스코 세계문화유산 등재신청 목록에 올린 고구려 유적은 주로 벽화고분이지만 이들 유적이 보존과 관리상의 문제를 안고 있는 만큼 등재목록에 오른 뒤에도 이 부분에 대한 국제적 관심과 협조가 필요하다는 사실을 지적한 글.**

全虎兌, 〈고구려 고분벽화의 起源〉, 《강좌 한국고대사》 9, 가락국사적개발연구원, 2003
고구려 고분벽화가 요양 일대의 한~위·진시대 고분벽화와 평양 지역 낙랑 문화의 영향 아래 시작되었음을 논증한 글.

전호태, 〈고구려는 정말 유주를 지배했는가—유주자사 진묘지〉, 한국역사연구회 고대사분과 엮음, 《고대로부터의 통신》, 푸른역사, 2003
묘지명 논쟁 전개 과정 정리를 통해 덕흥리벽화분의 무덤 주인 진이 후연의 망명객인지, 고구려 출신의 고위관리인지를 둘러싼 논쟁이 북한의 고구려 정통론과 중국의 중원중심주의에서 비롯된 측면이 강하다는 사실을 밝힌 글.

전호태, 〈역사의 블랙홀, 동수묘지〉, 한국역사연구회 고대사분과 엮음, 《고대로부터의 통신》, 푸른역사, 2003
고구려 안악3호분 묵서명 논쟁의 전말을 정리하면서 무덤 주인공을 둘러싼 국제적인 논쟁이 학문적인 입장 차이가 아닌 국가주의적, 민족주의적 이해관계 위에서 전개된 측면이 있음을 밝힌 글.

전호태, 〈북한 소재 고구려 고분벽화의 보존과 관리방안 연구〉, 《한국고대사연구》 35, 한국고대사학회, 2004
유네스코 세계유산에 등재된 북한 소재 고구려 벽화고분의 유적 상태 전반에 대해 검토한 글. 북한이 고분벽화 보존에 필요한 제반 조치를 충분히 취하지 못하고 있음을 밝히면서 이런 상황에서 벗어나기 위해 북한 당국의 개방적인 태도와 국제학계의 협조 의사 표명이 있어야 한다는 점을 지적했다.

전호태, 〈고구려 안악3호분 재론〉, 《한국고대사연구》 44, 한국고대사학회, 2006
묵서명 주인공을 둘러싼 논쟁으로 말미암아 고구려 안악3호분 자체가 제대로 검토되지 못하고 있다는 사실을 지적하면서 고분 구조 및 벽화 구성, 제작 기법, 문화계통상 후한시대 화상석묘인 산동 기남북채촌1호한묘와 닿아 있음을 논증했다.

전호태, 〈국립중앙박물관 소장 일제 강점기 고구려 고분벽화 모사도론〉, 《울산사학》 12, 울산대학교 사학회, 2006

국립중앙박물관이 소장한 고구려 고분벽화 모사도가 일제 강점기 벽화고분 조사에서 제작되는 과정과 정황을 정리한 글. 모사도와 최근의 벽화 상태를 비교하면서 발견 당시와 비교할 때 어떤 변화가 있는지도 함께 언급했다.

전호태, 〈중국의 한국고대사 인식과 고구려 고분벽화 연구〉, 《미술사학연구》 258, 한국미술사학회, 2008

한국고대사에 대한 중국학계의 인식이 정치적인 이유로 변화하면서 고구려 고분벽화에 대한 인식과 연구 방향에도 영향을 끼쳤음을 파헤친 글. 중국이 소수민족 정책의 일환으로 고구려사가 한국고대사의 주요한 부분임을 부인하고 중국 지방사의 일부일 뿐이라는 입장을 취하자 중국학계의 고구려 유적·유물에 대한 연구도 중국 문화의 지속적인 영향 아래 성립한 지역 문화의 산물이라는 견해를 표명하게 되었음을 밝혔다.

전호태, 〈고구려 고분벽화의 세계로 들어서다〉, 《한국사시민강좌》 45, 일조각, 2009

연구자가 고구려 고분벽화를 연구하기 시작한 뒤 고구려 고분벽화에 대한 관심이 증대되었으며, 연구 방식도 좀 더 종합적으로 바뀌었음을 밝혔다. 연구자가 고분벽화에 대한 인식과 재평가를 위해 대중적인 저서를 다수 집필하고 국내외 전시를 기획, 감독하게 되었음을 설명했다.

全虎兌, 〈고구려 안악2호분 벽화연구〉, 《한국고대사연구》 54, 한국고대사학회, 2009

안악2호분 벽화는 고구려 안악 지역 문화가 평양 문화에 편입되는 과정을 보여주는 유적임을 논증한 글.

전호태, 〈중국 한~당 고분벽화와 지역문화〉, 《역사문화연구》 33, 한국외국어대학교 역사문화연구소, 2009
중국 한~당 시기에 시기별, 지역별로 고분벽화가 제작되는 사례에 변화가 있다는 사실에 주목하여 이런 흐름은 지역 문화의 전개 양상과 밀접한 관련이 있음을 밝힌 글.

최원희, 〈고구려 녀자옷에 관한 연구〉, 《문화유산》 1962년 2기
고구려 고분벽화에 등장하는 인물 가운데 여성들의 복식이 문화계통상 고유의 전통에 닿은 것이 많다는 사실을 입증하려고 한 글.

최택선, 〈고구려사신도무덤의 등급에 대하여〉, 《조선고고연구》 1987년 3기
사신도가 주제인 고구려 벽화고분은 무덤 규모 등에 따라 등급화가 가능하다는 견해를 제시한 글.

최택선, 〈고구려사신도무덤의 주인공문제에 대하여〉, 《조선고고연구》 1988년 1기
사신도를 주제로 한 고구려 고분벽화의 무덤 주인은 무덤의 규모, 벽화의 구성 등으로 볼 때 왕과 여러 등급의 귀족으로 나눌 수 있음을 밝히려 했다.

吉村怜, 〈南朝天人圖像の北朝周邊諸國への傳播〉, 《佛敎藝術》 159, 佛敎藝術學會, 1985
중국 남북조시대의 천인도상이 남조에서 비롯되어 북조 및 고구려, 백제, 일본 등 동아시아 주요 나라로 전파되어 유사한 작품이 만들어지게 했음을 관련 자료들을 비교, 검토하여 밝힌 글.

內藤湖南(內藤虎次郎), 〈高句麗 古墳壁畵に就て〉, 《支那繪畵史》, 東京: 弘文堂書房, 1938.

고구려 고분벽화가 제재와 기법 등에서 중국 한·육조시대의 영향을 받았음을 논증한 글.

東潮, 〈新羅於宿知述干壁畵墳に關する一考察〉, 《東アジアの考古と歷史》 上, 1985

순흥 어숙지술간묘의 벽화가 계통상 고구려 고분벽화에 닿는다는 사실을 벽화 자료 비교 등을 통해 밝힌 글.

東潮, 〈遼東と高句麗壁畵―墓主圖像の系譜〉, 《朝鮮學報》 149, 1993(《高句麗考古學硏究》 第一編 八章, 吉川弘文館, 1997 재수록)

무덤 주인 초상의 검토를 통해 요양 고분벽화가 고구려 초기 고분벽화에 상당한 영향을 주었음을 논증한 글.

早乙女雅博, 〈일본에 있는 고구려 고분벽화 모사模寫―초기 연구의 재평가〉, 서울대학교 박물관 주최 국제학술대회 《요령지역의 고대문화》, 2001년 10월 9일 발표요지

일제 강점기 고구려 벽화고분이 조사되는 과정에 대한 당시 기록들을 모아 정리한 글. 초기의 발견 및 발굴 조사에 참여한 사람들이 했던 역할이나 벽화고분에 대한 기록, 촬영, 벽화 모사 작업이 어떻게 이루어졌는지를 비교적 상세히 언급했다.

齊藤忠, 〈高句麗 古墳壁畵にあらわた葬送儀禮について〉, 《朝鮮學報》 91, 1979

고구려 고분벽화에 보이는 씨름이나 수박희 등이 장송의례의 하나였음을 밝히고자 유적, 유물과 역사기록, 민족지 자료들을 정리하고 분석한 글.

太田天洋, 〈朝鮮古墳壁畵の發見に就て〉, 《美術新報》第12卷 第4号, 1913
강서대묘, 강서중묘 등 강서 지역 고구려 벽화고분 발견 초기의 정황 및 관련된 여러 가지 사실, 들었던 소식 등을 언급한 글.

浦原大作, 〈北アジア諸民族の葬儀における畜殺—シャマニズム研究の一環として〉, 《宗教學研究》10, 1980
현재의 시베리아 고아시아족 및 그들의 조상으로 여겨지는 민족들이 샤머니즘 제의의 한 과정으로 개, 사슴, 돼지 등을 희생하는 것과 영혼 인도 동물 관념과의 상관관계를 다룬 논문.

寒川恒夫, 〈葬禮相撲の系譜〉, 제1회 아시아 민속놀이 국제학술대회 발표요지, 1993년 6월 20~21일 중앙대학교 한국민속학연구소
일본 스모, 몽골, 한국의 씨름이 본래는 장례의 한 과정이었음을 밝히고자 그 역사적 기원과 사회문화적 기능에 대해 살핀 글.

# 그림 목록

# 찾아보기

【ㄱ】

【ㅂ】



【ㅅ】

【ㅎ】

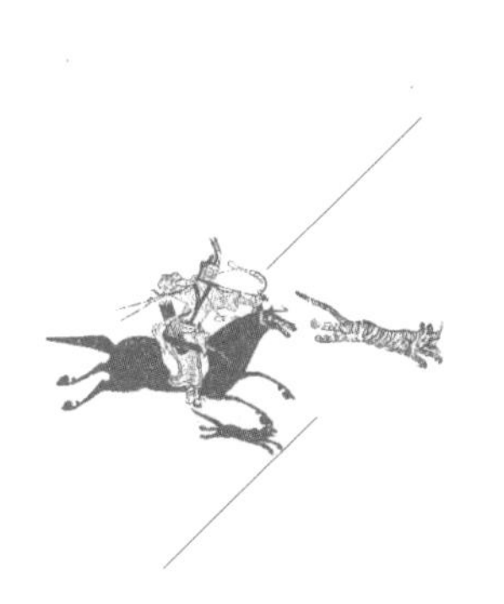

# 고구려 고분벽화 연구 여행

⊙ 2012년 12월 27일 초판 1쇄 인쇄
⊙ 2012년 12월 29일 초판 1쇄 발행
⊙ 글쓴이 전호태
⊙ 발행인 박혜숙
⊙ 책임편집 정호영
⊙ 디자인 조현주
⊙ 영업 · 제작 변재원
⊙ 펴낸곳 도서출판 푸른역사
우 110-040 서울시 종로구 통의동 82
전화: 02)720-8921(편집부) 02)720-8920(영업부)
팩스: 02)720-9887
전자우편: 2013history@naver.com
등록: 1997년 2월 14일 제13-483호


ISBN 978-89-94079-76-9 93900
세트 978-89-94079-74-5 93900